Wozu ich wirke. Das Leben gestalten lernen

Silja Graupe

Wozu ich wirke. Das Leben gestalten lernen

Silja Graupe

anlässlich der Verleihung
des ISSO Zukunftspreises

Conzett Verlag by Sunflower Foundation
Hadlaubstrasse 106
CH-8006 Zürich
info@conzettverlag.ch
conzettverlag.ch

und

Hochschule für Gesellschaftsgestaltung
Kornpfortstrasse 15
D-56068 Koblenz
hfgg.de

Gestaltung und Satz: Claudia Neuenschwander, CH-Zürich
Bilder: Hochschule für Gesellschaftsgestaltung
Druckerei: 1A Media, D-Stuttgart

ISBN 978-3-03760-062-7

Inhalt

Silja Graupe, 1975 in Hamburg geboren, ist Ökonomin und Philosophin sowie Gründerin und Präsidentin der Hochschule für Gesellschaftsgestaltung in Koblenz

Wozu leben wir? Wie können wir inmitten der krisengeschüttelten Welt sinnstiftend wirken? Wie unser Leben trotz individuellem und kollektivem Leid bis zum Vollsten leben und dabei lebenswerte Zukünfte für die kommenden Generationen schaffen? Dieses Buch liefert wertvolle Impulse, die Räume des Möglichen und Wünschenswerten angesichts solcher Fragen zu erweitern.

Dabei dienen das Leben und das Wirken von Silja sowohl als Spiegel als auch als Brennglas für das, was wirklich bedeutsam sein kann.

Im Jahr 2024 erhielt Silja den ISSO Zukunftspreis der Martin Görlitz Stiftung in Koblenz. Kern dieses Buches ist die schriftliche Fassung ihrer Preisrede. In dieser reflektiert sie ihr Wirken für eine neue Bildung und Wissenschaft und offenbart, was sie dabei wahrhaft antreibt. Gerahmt wird ihre Rede durch Grußworte aus der Stadt Koblenz, Dankesworte von Studierenden sowie durch die Laudatio von Prof. Dr. Uwe Schneidewind. Als Oberbürgermeister von Wuppertal und langjähriger Leiter des Wuppertal Instituts zeichnet Uwe nach, wie Silja als intellektuelles Kraftwerk, strukturverändernde Unternehmerin und Hoffnungsgeberin inmitten einer krisengeschüttelten Welt zu agieren und immer wieder positive Impulse der Neugestaltung zu setzen versteht.

Auch enthalten in diesem Band ist das Interview »Die Welt aus dem Jetzt heraus neu denken« von Jeannette Hagen und Stefan Maier mit Silja, das ebenfalls im Jahr 2024 entstand. Es liefert weitere Hintergründe zu Siljas Leben und Wirken, ebenso wie es die Frage vertieft, wie Hoffnung in unserer heutigen Welt und trotz aller persönlichen Herausforderungen möglich ist. Komplettiert wird der Band durch den Essay »Und trotzdem!«, in dem Silja im Jahr 2025 angesichts ihrer schweren Erkrankung nochmals ihre Motivation bekräftigt, für die kommenden Generationen zu wirken, und uns alle dazu aufruft, sie darin im Rahmen ihrer neuen Stiftung »Siljas Räume« zu unterstützen.

Grußwort

David Langner, Oberbürgermeister der Stadt Koblenz

Meine sehr geehrten Damen und Herren, liebe Frau Graupe, lieber Martin Görlitz,

ich freue mich, heute hier zu sein und bedanke mich ganz herzlich bei Martin Görlitz für die Einladung und die Verleihung des ISSO Zukunftspreises. Lieber Kollege Schneidewind, Sie haben ja gleich die Aufgabe, die lange Rede zu halten, nämlich die Laudatio. Insofern bin ich berufen, nur ein paar wenige Sätze zu sagen.

Hier in diesem Haus haben wir bereits über »Zukunft« gesprochen, noch bevor ich ins Amt kam. Wir hatten immer interessante Runden zu den Fragen »Wie kann man diese Stadt voranbringen? Wie kann man sie weiterentwickeln? Was können wir in der Politik, in der Verwaltung, ich als Oberbürgermeister tun, um die Zukunft für die Menschen in dieser Stadt besser zu machen?« Und meiner Meinung nach sollte man mit diesem Anspruch immer herangehen, wenn man in der Politik aktiv ist.

Nicht bloß zugucken, nicht nur daran denken, wie meine persönliche Zukunft besser wird, sondern fragen, wie die Zukunft der Menschen besser wird, für die man zuständig ist. Das ist der politische Auftrag. Das gilt ja, lieber Carl Bernhard von Heusinger, für das Land und für den Bund genauso wie für die Kommunen. Und dies ist auch der Gedanke, der jetzt eben noch einmal von Martin Görlitz mit dieser Einrichtung und mit der Verleihung des Zukunftspreises transportiert wird.

Bei dem Preis und auch in der Politik geht es um »Innovation«. Das bedeutet, nicht nur die eingefahrenen Wege zu gehen, sondern Visionen für diese Stadt zu entwickeln. Das birgt natürlich immer die Gefahr – und das kennen wir –, auch mal auf dem Bauch zu landen und dass die Bürgerinnen und Bürger sagen: »Der hat sie ja wohl nicht mehr alle! Wo will der damit nur hin?« Diese Balance zwischen Innovation, Vision und Pragmatismus haben wir, glaube ich, in diesen Runden sehr gut hinbekommen. Ich muss ehrlicherweise gestehen, dass ich nicht genau sagen kann, welche Idee von damals konkret in welches Vorhaben eingeflossen ist. Wo genau es mir möglich war, davon etwas umzusetzen oder auf den Weg zu bringen. Aber der Grundgedanke beziehungsweise diese Art zu denken, wie sich eine Stadt mit innovativen Ideen verändern sollte, der hat mich sehr begleitet und hat mich auch nachhaltig für diesen Weg geprägt.

Wir erleben – Martin Görlitz hat das eben auch schon gesagt – eine Gesellschaft, die sehr sprunghaft scheint, in der die Wahrheiten von heute morgen vielleicht schon nicht mehr so wahr sind.

Man muss in der Politik natürlich schauen, wo man am Ende Mehrheiten bei den Wählerinnen und Wählern gewinnen kann, auch im Stadtrat und im Landtag. Und insofern muss man sich natürlich auch gewissen Entwicklungen anpassen. Das Wort anpassen ist für mich aber auch ein bisschen negativ behaftet. Fragen wir also lieber: Woran muss man sich orientieren, insbesondere die Politik?

Ich bin der Ansicht, dass es Menschen braucht in der Politik, die einen klaren Kompass haben und die diesen nicht aus dem Blick verlieren. Manchmal muss man vielleicht einen Umweg gehen und manchmal muss man vielleicht auch ein bisschen vom Kurs abweichen. Aber man muss sich bewusst machen, dass man ein Ziel vor Augen hat – auch wenn man einen anderen Weg dorthin wählt. Man darf das Ziel nie aus den Augen verlieren.

Liebe Frau Graupe, Sie sind ja die erste Preisträgerin dieses Zukunftspreises und ich darf Ihnen an der Stelle schon mal sehr herzlich gratulieren. Sie stehen für diese Hochschule in einer besonderen, hervorgehobenen Position. Und die Hochschule ist aus meiner Sicht genau diesem Gedanken verpflichtet, nicht tagesaktuell die Dinge zu beurteilen, sondern den Studierenden bewusst zu machen, dass es eben langfristige Ziele gibt, dass es um das Gesamte geht. Darum, wie man sich selbst orientiert und wie sich Gesellschaft orientiert. Sie sind nicht am kurzfristigen Gewinn orientiert, sondern an der langfristigen Perspektive. Und die Studierenden, die Sie hier begleiten, ein Stück ihres Lebens, sollen diesen Ansatz ja auch in die Welt, in die Gesellschaft tragen, sollen das in ihrer weiteren Arbeit auch leben, weitergeben.

Und insofern bin ich mir ganz sicher, dass die Entscheidung, Ihnen diesen Zukunftspreis zu überreichen, eine richtige Entscheidung war. Ich gratuliere Ihnen noch einmal herzlich und wünsche Ihnen vor allem nicht nur gesundheitlich alles Gute, sondern auch an anderen Stellen Kraft, Energie, um das, was Sie geschaffen haben, weiterzugeben, weiterzuentwickeln und eben diesen Fixstern nicht aus den Augen zu verlieren. Herzlichen Glückwunsch und vielen Dank.

Grußwort

Prof.in Dr. Nadine Kammerlander, Vertreterin des Zukunftsrats Nachhaltige Entwicklung Rheinland-Pfalz und Inhaberin des Lehrstuhls für Familienunternehmen an der Koblenzer WHU – Otto Beisheim School of Management

Ein herzliches Willkommen auch von meiner Seite. Als Martin Görlitz mich anrief und mir von dem Zukunftspreis erzählte, war ich sofort begeistert und sagte: »Das ist eine tolle Sache, dafür mache ich gerne Platz in meinem Kalender.« Der Zukunftspreis ist genau das, was wir nun brauchen. Warum?

Es wurde bereits erwähnt, dass wir die Zukunft gestalten können. Ich möchte dies noch erweitern und sagen: Wir haben keine Wahl, wir müssen unsere Zukunft jetzt aktiv gestalten. Wenn wir den Blick nach außen richten und sehen, was auf uns zukommt, dann wird deutlich, dass wir nicht mehr so weiterleben, handeln und vor allem wirtschaften können wie bisher. Wir müssen nachhaltiger werden.

Das ist auch der Grund, warum vor zweieinhalb Jahren der Zukunftsrat für nachhaltige Entwicklung ins Leben gerufen wurde. Diesem Gremium, dem ich nun vorstehen darf, gehören etwa 20 Personen an. Es ist ein unabhängiges, vielfältiges Team, das die Landesregierung in Fragen der Nachhaltigkeit und nachhaltigen Entwicklung berät – von kommunalen Energiethemen in der sogenannten Ressourcenwabe bis hin zu nachhaltiger Bildung und Infrastruktur.

Als Mitglieder des Zukunftsrates begegnen uns aktuell jedoch immer wieder Stimmungen, die mir Sorgen bereiten. Wir sprechen im Zukunftsrat viel mit Menschen, vor allem auch mit jungen Menschen, etwa mit Aktivistinnen und Aktivisten von Fridays for Future. Und dabei hören wir oft etwas, das sich auch in vielen Umfragen widerspiegelt. Es ist eine pessimistische Stimmung, die mir zu denken gibt. Wenn ich an meine eigene Jugend zurückdenke – sie liegt inzwischen ja schon mittellang zurück –, dann fällt mir auf, dass wir damals meist optimistisch waren. Wir hatten das Gefühl, die Zukunft würde Gutes bringen, wir könnten spannende Dinge auf die Beine stellen und die Welt stünde uns offen.

Heutzutage begegnet uns in Gesprächen mit der Jugend jedoch viel Angst. Und das ist irgendwie auch verständlich: Multikrisen – ich muss sie nicht aufzählen, wir kennen sie alle – lösen Besorgnis aus. Interessanterweise beobachten wir, dass sich die Wahrnehmungen der Menschen zunehmend auseinanderentwickeln, es gibt eine Schere zwischen persönlichem Empfinden und dem Wahrnehmen gesellschaftlicher Trends. Viele Menschen in Deutschland bewerten ihr aktuelles Leben als gar nicht so schlecht. Doch wenn es um die Zukunftsaussichten der Gesellschaft geht, sind sie weitaus pessimistischer. Es besteht also eine Diskrepanz zwischen dem persönlichen Wohlbefinden und dem Blick in die Zukunft. Die Frage ist daher: Was können wir tun? Wie können wir die Zukunft positiv gestalten? Zwei Aspekte sind mir in den letzten Monaten und Jahren, insbesondere durch meine Arbeit im Zukunftsrat, besonders klar geworden.

Erstens: Zukunftsgestaltung ist kein einmaliger Beschluss, es ist keine einfache Weichenstellung, die einmal getroffen wird. Zukunftsgestaltung ist ein Prozess. Es wäre falsch zu erwarten, dass die Politik oder Unternehmen eine einzige, richtige Entscheidung treffen, die alle unsere derzeitigen Probleme löst und uns vom Pessimismus wieder in den Optimismus führt. Stattdessen müssen wir uns auf einen langfristigen Prozess einstellen, um wirklich eine nachhaltige und gute Zukunft zu erreichen – einen Prozess, der auch Rückschläge beinhalten wird. Daran müssen wir alle zusammen und kontinuierlich arbeiten.

Zweitens: Eine nachhaltige Zukunft zu gestalten, kann nicht die Aufgabe einer einzelnen Person sein. Es ist nichts, was man nach oben oder unten delegieren kann. Um wirklich eine lebenswerte Zukunft zu schaffen, braucht es viele Menschen – es braucht uns alle. Ein geschätzter Kollege aus dem Zukunftsrat fragt immer wieder: »Wie kommen wir nun ins Tun?« Es gilt: Wir wissen, es braucht Menschen, die den ersten Schritt machen. Es braucht Menschen wie die geschätzte Kollegin und Preisträgerin hier, die sich vorne hinstellen und sagen: »Ich mache etwas Neues, etwas, das gut für unsere Zukunft ist.« Besonders wirkungsvoll ist es aber erst dann, wenn diese Person andere mitnimmt and diese ermuntert, es ihr gleichzutun. Es gibt den Begriff des

»First Followers« – der ersten Person, die dem guten Beispiel folgt. Wenn aus diesem ersten Nachahmer viele Mitstreiter werden, dann entsteht echte Veränderung. Ich sehe hier im Raum viele Studentinnen und Studenten, die sich des Themas Nachhaltigkeit annehmen und dies auch in ihre Studienwahl einfließen lassen, weil sie verantwortungsbewusste Menschen sein wollen. Insofern kann man sagen, dass die Weitergabe der Begeisterung, gute und nachhaltige Zukunft zu schaffen, an dieser Stelle sehr gelungen ist.

In meinem Hauptberuf bin ich Professorin für Familienunternehmen. Diese Unternehmen haben oft das Problem, dass sie nicht gesehen werden. Vielleicht haben Sie schon den Begriff »Hidden Champion« gehört. Das ist doch eigentlich absurd: Unternehmen leisten Hervorragendes, aber niemand sieht es. Das führt mich zu einem weiteren Problem, das wir oft bei der Zukunftsgestaltung sehen: Es gibt großartige Vorreiterinnen und Vorreiter, aber solange sie nicht sichtbar sind, können sie auch keine Vorbilder sein. Nur wenn andere sehen, was erreicht wird, besteht die Chance, dass sie diesem Beispiel nacheifern. Genau deshalb finde ich es großartig, dass wir mit diesem Preis heute eine Möglichkeit schaffen, diese Vorbilder sichtbar zu machen und hoffentlich viele Menschen zu inspirieren, sich ebenfalls für eine gute und nachhaltige Zukunft einzusetzen.

Nun gratuliere ich herzlich der Preisträgerin Silja Graupe und danke auch den Organisatoren dieser großartigen Initiative. Ich hoffe, dass wir uns in Zukunft hier noch mit vielen weiteren Preisträgerinnen und Preisträgern wieder treffen werden. Herzlichen Dank!

»Um wirklich eine lebenswerte Zukunft zu schaffen, braucht es viele Menschen – es braucht uns alle.«

Dankesworte

Studierende des Bachelors Ökonomie – Nachhaltigkeit – Transformation an der Hochschule für Gesellschaftsgestaltung

Noah Krohn Ich möchte heute vor allem einmal Danke sagen, was ich glaube ich noch nicht oft genug getan habe. Danke, dass Du diesen Raum hier zusammen mit anderen Menschen geschaffen und erhalten hast.

Ich glaube, es würde ihn so nicht geben ohne Dich, und mir bedeutet dieser Raum unglaublich viel. Er ist ein Ort mit Hochschule und Verein, an dem eine Gemeinschaft an Menschen zusammenkommt, die es schaffen, solidarisch miteinander zu sein. Die einander helfen, eine Gemeinschaft zu schaffen, die auf das Wohl der in ihr lebenden Menschen achtet, und eine Gemeinschaft, die dabei nicht geschlossen ist.

Ich glaube, dass es mir in meinem Leben und in meinem Werden als Mensch unglaublich gutgetan hat und immer noch guttut, diesen Raum miterleben und gestalten zu dürfen. Und ich bin unglaublich dankbar, dass ich das jeden Tag immer wieder tun darf. Das wäre nicht möglich ohne diese Arbeit, die da reingesteckt wird, und dafür bin ich sehr dankbar.

Franziska Haider Ich stehe heute hier im Namen einer anderen Studentin, und zwar von Lina Zinkler. Sie hat ein paar Worte geschrieben, die ich vorlesen möchte.

Sie fühlt sich heute gesundheitlich nicht gut genug, um hier zu stehen. Sie hat diese Worte geschrieben aus ihrer Perspektive, aber auch im Namen der Studierendenschaft:

Ich möchte heute Danke sagen. Danke dafür, dass Du Dich vor zehn Jahren auf die Reise begeben hast, diese Hochschule zu gründen.

Ich fühle mich als Studierende extrem privilegiert, einen Teil meiner Zwanziger an so einem Ort verbringen zu dürfen. Nicht nur, weil ich mich mit den wahrscheinlich wichtigsten Themen dieses Jahrhunderts beschäftigen darf, ohne dass ich das Gefühl habe, in einer Bildungsfabrik zu sein. Ich möchte auch Danke sagen, weil dieser Weg, diese Reise, nicht der leichteste ist oder war – und trotzdem sitzen wir hier.

Du hast mit der Gründung dieser Hochschule nicht nur einen Ort geschaffen, an dem Wissen vermittelt wird. Du hast auch einen Raum eröffnet, in dem es freies Denken und echte Begegnung gibt. Einen Raum, der uns nicht nur auf die Herausforderungen der Zukunft vorbereitet, sondern uns auch bestärkt, die Zukunft mitzugestalten. Es ist inspirierend zu sehen, wie viele Menschen mittlerweile die Vision der Hochschule teilen. Eine Vision, die uns zeigt, dass Bildung weit mehr ist als reine Wissensvermittlung. Es geht um Werte, um Menschlichkeit, um das gemeinsame Ringen nach einer besseren Welt. Und genau dafür möchte ich und möchten wir als Studierende heute Danke sagen. Für den Mut, für die Hartnäckigkeit und für den unerschütterlichen Glauben daran, dass eine Hochschule mehr sein kann. Mehr als nur ein Ort des Lernens, sondern ein Ort der

Veränderung, des Wandels und der Hoffnung.

Vielen Dank Dir.

Noah Krohn Bei diesem Raum und diesem Ort, den Du geschaffen hast, geht es nicht nur um mich und um meine Dankbarkeit, sondern um die vielen Menschen, die diesen Ort auch miterleben dürfen. Ich könnte jetzt viele tolle Texte und Leute zitieren, die die Relevanz von diesem Raum sehen, in dem solidarisches Miteinandersein gelebt wird, in dem eine Gemeinschaft gelebt wird. Jetzt schon. Aktiv. So wie wir sie uns in Zukunft wünschen.

Nicht ohne Fehler. Nicht ohne Arbeit, die weiter passieren muss. Aber schon ziemlich gut, glaube ich. Da könnte ich sehr viele Leute zitieren, die diesen Ort erleben dürfen. Und die an diesem Ort, so wie ich, ziemlich viel Transformationskraft in sich selbst entdecken, schöpfen, finden können und sich gegenseitig darin unterstützen können, diese Transformationskraft zu finden. Und das ist unglaublich notwendig in dieser Zeit.

Danke, dass Du da immer wieder so viel Energie, so viel Kraft, so viele Ressourcen mit anderen Menschen reingesteckt hast – gegen die Widrigkeiten dieser Gesellschaft, die diesen Ort oft nicht so sehen will, wie er besteht.

Danke, dass Du dafür so viel gekämpft hast. Ich wünsche mir, dass wir gemeinsam diesen Kampf weitertragen und diesen Raum für möglichst viele Menschen zugänglich machen, um diese Transformationskraft in Menschen schöpfen zu können.

Danke.

Laudatio

Prof. Dr. Uwe Schneidewind, Oberbürgermeister der Stadt Wuppertal und ehemaliger Direktor des Wuppertal Instituts

Lieber Herr Langner, liebe Frau Kammerlander, lieber Martin Görlitz, liebe Studierende, aber besonders liebe Silja, die erstmalige Verleihung eines Preises setzt ja einen ganz besonderen Takt für einen Preis: Wer ist die erste Preisträgerin, der erste Preisträger? Was ist das Ambiente, in dem eine solche Preisverleihung stattfindet? Wer begleitet die Preisverleihung durch seine Anwesenheit?

Vor diesem Hintergrund, lieber Herr Langner, ist es ein besonderes Signal, dass Sie heute als Oberbürgermeister mit dabei sind. Denn es macht deutlich, welche Bedeutung ein solcher Preis für die Stadt Koblenz hat.

Frau Kammerlander, durch Ihre Anwesenheit als Mitglied des Zukunftsrates Rheinland-Pfalz und Hochschullehrerin der WHU hier im Ort wird klar, welche Bedeutung er für den Hochschulstandort Koblenz und für das Land Rheinland-Pfalz und dessen Zukunftsstrategien hat.

Ein besonderes Ambiente bekommt der Preis durch Sie Studierende, die gerade das Studium begonnen haben und die schon länger den besonderen Bildungsflair der Hochschule für Gesellschaftsgestaltung genießen dürfen. Dadurch entsteht eine Mischung und eine Energie für diese Preisverleihung, die etwas Besonderes ist.

Und auch der Ort der Preisverleihung, das Dreikönigenhaus, ist bewusst gewählt. Man hätte angesichts der Bedeutung des Preises für die Stadt auch ins Rathaus gehen können. Martin Görlitz hat die Symbolik deutlich gemacht, die dahintersteckt und sich in der besonderen Figur des vierten Königs in der Preisskulptur widerspiegelt.

All das schafft eine Grundlage für diese erste Preisverleihung und legt eine Spur, die dazu führen wird, dass dieser Preis auch in den kommenden Jahren eine ganz besondere Wirkkraft entfalten wird. Ganz besonders hängt das natürlich mit Dir, Silja, als der ersten Preisträgerin zusammen. Daher ist es für mich eine besondere Ehre, heute bei dieser Preisverleihung die Laudatio sprechen zu dürfen.

Uns verbindet nun schon ein langer, intensiver und über zehn Jahre währender gemeinsamer Weg. Anfang der 2010er-Jahre steckten wir in einer intensiven Debatte darüber, wie sich Wissenschaft und Wissenschaftspolitik weiterentwickeln müssen, um Impulse einer Gesellschaft im massiven Wandel aufzunehmen und proaktiv zu setzen. Wir haben dazu intensive Debatten im Wissenschaftssystem auf nationaler und Länderebene geführt. Genau in dieser Phase hattest Du den Mut, eine Hochschule neu zu gründen – und damit zu zeigen, was durch einen neuen Typus von Institut mit Blick auf eine transformative Wissenschaft und Bildung möglich ist. Und ich hatte das große Vergnügen, diesen Prozess im Beirat der Hochschule fast von Anfang an begleiten zu dürfen.

Aber es war nicht nur dieses institutionelle Abenteuer, das uns verband. Als jemand, der selbst aus den Wirtschaftswissenschaften kam, litt ich – wie Du – unter den Engführungen des Faches und seinen fatalen Rückwirkungen auf die gesellschaftliche Realitätsgestaltung. Unser Nachdenken darüber hat uns immer wieder verbunden. Und ich verdanke Dir unendlich viele kluge Einsichten.

In meiner Laudatio möchte ich heute drei Aspekte herausstellen, die Dich auszeichnen. Diese haben nicht nur mich immer wieder tief beeindruckt, sondern auch viele andere, die das große Vergnügen und Geschenk hatten und haben, mit Dir zusammenzuarbeiten und mit Dir gemeinsam zu gestalten.

1 / Intellektuelles Kraftwerk

Du bist ein intellektuelles Kraftwerk! Ein Kraftwerk, das immer wieder ansteckt, inspiriert und eine intellektuelle Energie entfaltet, die einfach faszinierend ist.

Um dem auf den Grund zu gehen, ist es absolut spannend, auf Deine eigene intellektuelle Genese zu schauen. Schon Deine Fächerkombination zu Beginn aus Technischer Chemie, Ökonomie und Philosophie deutet darauf hin, dass Du den Dingen inter- und transdisziplinär auf den Grund gehen willst.

Besonders beeindruckt hat mich die Technische Chemie, die ja mehr auf die Umsetzung setzt. Theoretische Chemie und Philosophie hätte man sich leichter vorstellen können. Doch Du hattest offensichtlich von Anfang an die Lust, tief in die Dinge hineinzugehen und die Verbindungen zwischen vermeintlich nur schwer Verbindbarem zu entdecken. Das hat sich dann auf Deinem gesamten weiteren Weg fortgesetzt.

Mit einer Promotion in Berlin und Tokio und damit einer besonderen interkulturellen Perspektive, die Dich von da an immer geprägt hat. Schon der Titel Deiner Promotion macht Lust auf die Auseinandersetzung: »Der Ort des ökonomischen Denkens. Die Methodologie der Wirtschaftswissenschaften im Licht japanischer Philosophie.« Was für ein faszinierender Zugang, sich mit den wirtschaftswissenschaftlichen Grundlagen philosophisch auseinanderzusetzen, indem man sie interkulturell re-kontextualisiert. Hier hat sich schon in intensiver Weise ausgedrückt, welche Lust Du hattest, Dich dem Phänomen Wirtschaftswissenschaften umfassend philosophisch zu nähern.

Dies hast Du dann in Deiner Lehrtätigkeit an der Universität Köln an der Schnittstelle zwischen Philosophie und Wirtschaft fortgesetzt. Mit dem Gang an die Alanus-Hochschule 2009 hast Du ihm durch eine erste Professur die Plattform gegeben. Dabei hat Dich stets das Gefühl umgetrieben, dass das, was Dich intellektuell bewegt, andere institutionelle Rahmen und Räume braucht, um in der nötigen Tiefe wirksam zu werden. Letztlich war das dann der Keim für die eigene Hochschulgründung.

All das ist der Ausdruck Deiner intellektuellen Neugierde und der Fähigkeit, sich nicht mit dem zufriedenzugeben, was man auf der Oberfläche findet. Du wolltest den Verstand dazu nutzen, um den Dingen auf den Grund zu gehen.

Und genau das ist für Dich auch der Ausdruck eines Hochschulstudiums, das auf Selbstbildung zielt. Dafür sind Universität und Hochschule eigentlich gemacht: Nicht um Menschen auszubilden, die dann irgendwelche Steuergesetze am Ende besser interpretieren können, sondern sie zu befähigen, hinter die Dinge zu schauen und das zu entdecken, was in den Tiefenstrukturen liegt.

In einem Interview mit der Zeitung aacher hast Du die Ernüchterung in Deinem eigenen Wirtschafts- und Ingenieurstudium und den daraus erwachsenen Impuls wunderbar auf den Punkt gebracht:

> »Aber ich habe den Hörsaal nicht verlassen, ich habe nicht gegen die Inhalte des Studiums protestiert. Es hat etwas mit mir gemacht, es hat mich zum Schweigen gebracht, weil ich nicht wusste, was ich mit diesem Wissen anfangen sollte und zugleich für das, was mir wichtig war, keine Sprache gegeben. Sich daraus Schritt für Schritt befreien zu können, halte ich für eine wichtige Bildungsaufgabe; damals musste ich sie mir komplett selbst erarbeiten. Gleichzeitig öffnet es den Horizont, zu sich selbst zu kommen und zu verstehen, was mit einem passiert. Es gibt bereits viele Formen des transformativen Wirtschaftens, es gibt das Wissen darüber und die Perspektiven, die uns in einem lebendigen, bunten Kosmos aufblühen lassen. Sie resonieren oft mit unserem Inneren, aber den Mut, den Ausdruck und das Können entwickeln zu dürfen, sie auch tatsächlich zu leben und für sie

> einzustehen, wird kaum irgendwo gelehrt. Deswegen heißt das Motto unserer Hochschule auch: Gib deinem Sinn ein Leben!«[1]

Dieses Zitat drückt in einer wunderbaren Klarheit aus, wofür die von Dir gegründete Hochschule für Gesellschaftsgestaltung steht! Und es steht in einem solch erfrischenden Kontrast zu den Lehrsituationen, wie wir sie heute immer noch an vielen Hochschulen finden. Eine reine Vermittlung von Inhalten, die uns in Ohnmacht zurücklässt – aber es fehlt die Sprache, um auszudrücken, worin diese Ohnmacht im Kern liegt. Am Ende bleibt oft als einzige Frage von Studierenden, was von dem Gesagten denn nun klausurrelevant sei.

Aus der Suche nach dem Ausweg aus dieser Ohnmacht ist bei Dir der Impuls entstanden, einen ganz neuen Typus von Bildungsinstitution zu schaffen. Einen Ort für all diejenigen, die eine Ohnmacht und Sprachlosigkeit empfinden, und der es ihnen ermöglicht, sich gemeinsam auf die Suche zu machen. Das ist die faszinierende Qualität der Hochschule für Gesellschaftsgestaltung. Ich kann alle 50 Studierenden, die jetzt hier in dieser Woche im Bachelor oder Master starten, zu ihrer klugen Studienortwahl nur beglückwünschen. Sie haben sich auf einen faszinierenden Weg gemacht, wie sie gerade an den bewegenden Worten ihrer beiden Kommiliton:innen spüren konnten. Es ist

1 Wiegand, E. (2024). Bildung radikal neu gedacht: Silja Graupe über die Kraft der Transformation und den Mut zu Veränderungen. *Die Zukunfts Macher* (Blog). www.zukunftsmacher.cool/beitrag/bildung-radikal-neu-gedacht-silja-graupe-ueber-die-kraft-der-transformation-und-den-mut-zu-veraenderungen. Gesehen 11. April 2025.

der richtige Weg. Denn dass ein Studium so beseelt, das haben nur wenige, die Ökonomie studieren.

2 / Strukturunternehmerin

Das, was ich gerade ausgeführt habe, wäre alleine schon mehr als preiswürdig gewesen. Denn solche intellektuellen Kraftwerke wie Dich, die ganz neue intellektuelle Türen öffnen, findet man wenige. Bereits aus den bisherigen Worten wurde deutlich, dass Du nicht nur ein intellektuelles Kraftwerk, sondern auch Unternehmerin bist. Und zwar ein ganz besonderer Typus von Unternehmerin: Du bist »Strukturunternehmerin« und damit »Gesellschaftsgestalterin«. Die Hochschule trägt nicht ohne Grund genau diesen Namen.

Du hast die Fähigkeit, Deinen Entrepreneurgeist in komplexeste Strukturkontexte einzubringen und in konkrete Institutionengestaltung zu übersetzen.

Wo kommt das Unternehmergen her? Du bist familiär in einem Unternehmerkontext sozialisiert und deswegen hat es Dir eben nicht gereicht, die Grenzen ökonomischen Denkens intellektuell zu durchdringen und zu überwinden. Sondern Du hast immer verstanden, dass die Grenzen des Denkens auch mit Strukturen zu tun haben, die ein tieferes intellektuelles Eintauchen erschweren.

Dir war klar, wie wichtig Räume sind, in denen eine andere Form des Denkens und der Bildung möglich wird. Das war der Anlass für Dich, in diesem Wissenschafts- und Hochschulsystem eine eigene akademische Gründung auf den Weg zu bringen. Das war und ist extrem mutig und eindrucksvoll. Denn ein solcher

 Weg ist unfassbar herausfordernd und energieraubend.

Ich habe die letzten zehn Jahre hautnah miterleben dürfen, was es bedeutet, für einen solchen neuen Hochschultypus eine formale Akkreditierung zu bekommen. Welche Diskussionen und welche Überzeugungsarbeit das gegenüber einem Landeswissenschaftsministerium und gegenüber dem Wissenschaftsrat bedeutete und wie wertvoll die gerade erteilte Verlängerung der Akkreditierung ist.

Zu einem Projekt gehört darüber hinaus, kontinuierlich Unterstützer und eine Finanzierung zu mobilisieren, ohne je den Mut zu verlieren – selbst wenn man sich der prekären Situation der Institution gewahr ist. Aber Du hast diesen Pfad bewusst nicht verlassen, weil Du ihre Freiheit unbedingt erhalten wolltest.

Eine solche Situation wirkt immer auch nach innen und erfordert die Fähigkeit, Konflikte auszuhalten und produktiv mit ihnen umzugehen. Gerade für Dich war das immer eine besondere Herausforderung, weil Du als Unternehmerin wusstest, dass das Überleben der Institution dem Wandeln auf einem schmalen Grat gleicht. Und dass dies nur mit großer Klarheit und Disziplin sowie einer gewissen Konsequenz und Härte möglich ist. Trotz all diesen herausfordernden Bedingungen ist es Euch dann gelungen, erfolgreich den Umzug der Hochschule von Bernkastel-Kues nach Koblenz zu organisieren!

Das ist, wenn man sich die Veränderungsgeschwindigkeiten von Hochschulen anschaut, der Ausdruck einer imposanten unternehmerischen Energie! Eines finde ich dabei immer wieder interessant: Konsequentes kritisches Denken und radikales Unternehmertum liegen durchaus eng beieinander. Denn eines ist beiden gemeinsam: Sie finden sich nicht mit dem ab, was sie vorfinden. Sie sind von der festen Überzeugung getragen, dass die Dinge auch anders sein und anders gedacht werden können.

Insofern hat sich das Zusammenspiel Deines kritischen Denkens und Deines Unternehmerinnen-Seins in besonderer Weise miteinander verbunden und gegenseitig gestärkt. Sie haben sich sozusagen gegenseitig befeuert, weil sie den Antrieb setzten, wieder einen nächsten unkonventionellen Schritt zu machen.

In meinen Augen passt das besonders gut zum Wissenschafts- und Hochschulstandort Koblenz, wo ja mit der WHU (Otto Beisheim School of Management) vor ziemlich genau 40 Jahren schon einmal der Mut da war, die Managementausbildung in Deutschland ganz anders zu denken und sie viel näher an die unternehmerische Realität zu holen. Diesen Weg geht man in Koblenz nun seit 40 Jahren. Das ist vermutlich auch ein gutes Omen für die Zukunft der HfGG – zumal sich beide Institutionen in ihrer Annäherung an das Ökonomische so wunderbar inspirieren können.

3 / Hoffnungsgeberin

Damit komme ich zum dritten Element: Du bist »Hoffnungsgeberin«. Wir durften diese besondere Kraft gerade schon bei der Ansprache der Studierenden spüren.

Um das einordnen zu können, ist es wichtig zu verstehen, was Hoffnung im Kern bedeutet und warum

Du dies in besonderer Form vorlebst: Hoffnung bedeutet eben nicht die Sicherheit, dass etwas gut ausgeht. Hoffnung ist vielmehr die tiefe innere Gewissheit, an etwas teilhaben zu dürfen, das so viel größer ist als man selbst. Diese tiefe innere Gewissheit verschafft einem das starke Zuvertrauen, dass jeder Einsatz und Kampf lohnt, weil es ein Geschenk, ja eine Gnade ist, an dieser größeren Idee teilhaben zu dürfen. Wer Hoffnung empfindet, der ist gespeist durch eine tiefe innere Kraftquelle, in der er sich ein Stück unabhängig macht von der Frage, wie das Ganze am Ende ausgeht.

Eine solche Form der Hoffnung ist immer auch mit tiefer Demut verbunden: dem Wissen, dass alles, was in der Welt geschieht, von ganz vielen Faktoren abhängt und man nicht der Hybris verfällt, zu glauben, man könnte alles kontrollieren und gestalten. Sondern es braucht – im christlichen Sinne – die innere Kraft, das an einen Gott abgeben zu können, oder im humanistischen Sinne die Demut anzuerkennen, dass am Ende die Welt ein Projekt ganz vieler ist. Dazu gehört auch, es als Geschenk zu empfinden, an dem teilhaben zu können, was einen antreibt und mit solcher Bedeutung erfüllt. Wer das so empfinden kann, der wacht jeden Morgen mit einer ganz eigenen und besonderen Kraft auf – unabhängig von den jeweils äußeren Umständen. Ich glaube, das ist das, was alle spüren, die mit Dir zu tun haben: Dass Du genau von einer solchen Form von Hoffnung angetrieben und beseelt bist.

Das, was Du über die letzten Dekaden und insbesondere die letzten zehn Jahre gemacht hast, das war jeden Morgen motiviert von der tiefen Überzeugung:

Das, was ich dort mache – den Raum für diese Form
erweiterten ökonomischen Denkens zu schaffen und Institutionen, in denen das, was Bildung ausmacht, möglich wird –, ist von solcher Bedeutung und ein solches Geschenk für die Gesellschaft, dass sich gar nicht die Frage stellt, ob das morgen, in zehn oder fünfzehn Jahren genau in dieser Form aufgeht und welche Wirnisse noch kommen. Aus diesem Hoffnungsimpuls war jeden Morgen die Energie da, sich bedingungslos genau diesem Anliegen zu widmen. Und wenn man dann auf diesem Weg plötzlich merkt, was diese Stärke mit einem selbst macht, aber insbesondere mit den Menschen um einen herum, dann entsteht das tiefe Vertrauen, Berge versetzen zu können.

Es ist wohl diese Haltung, die all jene, die mit Dir zusammenarbeiten, in so besonderer Weise ansteckt. Denn alle, die sich selbst bei dem Zweifel ertappen, ob das überhaupt gut ausgehen kann und ob das überhaupt die Energie und den Einsatz lohnt, werden von einem anderen Denken angesteckt, wenn sie auf eine Hoffnungsgeberin wie Dich treffen. Du zeigst ihnen täglich, dass für ein erfüllendes Leben etwas ganz anderes entscheidend ist: Dass einem ein Thema geschenkt ist, mit dem man sich mit ganzer Kraft identifizieren und einbringen kann.

Diese Kraft bekommt vor dem Hintergrund Deiner aktuellen gesundheitlichen Situation noch eine viel weitergehende Tiefe. Besonders bei all denen, die aktuell mit Dir zusammenarbeiten. Sie sind nochmal in ganz anderer Form mit Kraft durch Dich beschenkt, wenn sie wahrnehmen dürfen, wie Du mit diesen Entwicklungen umgehst. Wenn sie spüren, welche Kraft die innere Motivation entfaltet, die Dich all die Jahre und Jahrzehnte getragen hat – selbst in einer so existenziellen Situation.

Dafür möchte ich erneut einen Interviewausschnitt aus dem Zukunftsmacher-Interview zitieren, weil Du das in so wunderbare Worte gefasst hast. Besser kann man es kaum ausdrücken – gerade in der Verbindung mit der Ökonomiekritik, die Dich antreibt:

> »In all dem verkörpere ich ein Leben, das es nach dem heutigen Wirtschaftssystem nicht geben darf. Denn es wird immer gelehrt, dass wir alles planen können, dass es keine Unsicherheit gibt, sondern nur Sicherheit und Fortschritt, dass wir die Freude dem Leid immer vorziehen können. Aber ich kann nichts gegen meine Schmerzen und Schwäche tun, ich weiß nicht, was passieren wird – noch nicht einmal während eines einzigen Tages. Ich habe keine Wahl; ich bin, wie ich bin. Damit widerspricht mein Leben, wie meine Studierenden immer wieder sagen, fundamental den gesellschaftlichen Grundwerten des Fortschritts. Ich bin nicht optimierbar, man kann mit meiner Krankheit kein Geld verdienen. Für meine Studierenden liegt darin eine wichtige Quelle der Veränderung: Dass die Welt nicht immer besser wird, wie ihnen der Fortschrittsglaube weismachen will, sehen sie ja jeden Tag angesichts von persönlichen Problemen, Klimakrise, Kriegen selbst. Wie aber ist dann ein gutes Leben möglich? Warum engagiere ich mich wei-

> ter, warum wird in meinem Umfeld eine so enorme Lebendigkeit und Intensität spürbar?
>
> Gerade meine Verletzlichkeit und meine unbedingte Angewiesenheit auf Hilfe schaffen Räume, in denen Menschen über sich hinauswachsen und plötzlich entdecken können, was ihnen wichtig ist. Es ist ein Riesengeschenk, aus einer so tiefen Menschlichkeit und Offenheit heraus eine Hochschule gestalten zu können. Wir lachen enorm viel, weil im Angesicht von Krankheit und Sterben immer wieder überraschende Perspektivwechsel möglich werden und das ansonsten Alltägliche so herrlich absurd und grotesk erscheinen kann.«[2]

Das ist so stark, so lebensbejahend, so ansteckend! Und es gibt kaum eine treffendere Formel auszudrücken, was es heißt, eine grandiose Hoffnungsgeberin zu sein.

Man sieht schon, es wird nicht leicht für diesen Preis angesichts des Niveaus und der Fußstapfen, die mit der ersten Preisverleihung gesetzt werden. Und was Dir besonders wichtig ist: Diese Kraft und den Spirit gilt es jetzt in die Hochschule und die Stiftung zu legen, die Du auf den Weg gebracht hast.[3] Auch dafür kann und soll der Preis ein wichtiger Katalysator sein.

2 Ebd.

3 Die Online-Foundation »Freiheit zur Gesellschaftsgestaltung« wurde im August 2024 von Silja Graupe ins Leben gerufen mit dem Ziel, die Hochschule dauerhaft und freilassend als Think-and-Do-Tank des Wandels zu fördern und ökonomisch Benachteiligten durch Stipendien freien Zugang zu ihrer Bildung zu ermöglichen. Sie soll zukünftig auch die sinnstiftenden und gemeinwohlorientierten Organisationen fördern, die aus der Hochschule entstehen. Für mehr Informationen siehe: www.bcause.com/gesellschaftsgestaltung

Jetzt gilt es aber erst einmal nicht nur »Herzlichen Glückwunsch«, sondern insbesondere »Danke« an Dich zu sagen: Denn Du bist ein so großes Geschenk für alle Menschen, die mit Dir zusammen denken, zusammen arbeiten, zusammen etwas bewirken dürfen. Du bist ein unendliches Geschenk für diese herausfordernde ökonomische Debatte, die wir auch in den nächsten Jahren und Jahrzehnten vor uns haben und Du bist ein Riesengeschenk für die Hochschullandschaft hier in Koblenz, in Rheinland-Pfalz und bundesweit!

»Hoffnung ist die
tiefe innere Gewiss-
heit, an etwas teil-
haben zu dürfen,
das so viel größer
ist als man selbst.«

Wozu ich wirke. Das Leben gestalten lernen

Dankesrede

Von Silja Graupe

Lieber Martin Görlitz, liebe Laudatoren und Laudatorinnen, liebe Studierende, liebe Freundinnen und Freunde, liebe Gäste, von Herzen danke ich Ihnen und Euch für den heutigen Tag und unser gemeinsames feierliches Beisammensein. Vor allem danke ich Dir, lieber Martin, für die Verleihung des ISSO Zukunftspreises an mich und für den erfolgreichen Weg, den wir in Koblenz und hier im schönen Dreikönigenhaus schon gemeinsam bestreiten durften. Ebenso danke ich allen Zustifterinnen und Zustiftern des Preises!

Mein Dank gilt auch meinen Vorredner:innen – und dabei gerade Euch Studierenden für Eure wertschätzenden Worte. Sie haben deutlich gemacht, wie das gemeinsame Wirken und Gestalten der Gesellschaft auf Augenhöhe und in Verbundenheit bei uns an der Hochschule lebendig ist. Dies ist mir in meinem Lebenswerk besonders wichtig.

Bei der heutigen Feier ist eine besondere Mischung an Menschen anwesend. Es sind hier Personen, die mein Leben schon sehr lange prägen, so etwa mein Vater. Auch sind Verantwortliche aus Politik, Wirtschaft, Universität und Gesellschaft versammelt, zudem viele Mitarbeitende der HfGG. Außerdem Ihr Studierenden, von denen viele gerade erst vor einer Woche ihr Studium an unserer Hochschule begonnen haben. Es wird im Folgenden also meine Aufgabe sein, über Generationen und soziale Milieus hinweg eine gemeinsame Sprache zu finden. Daher habe ich mich entschieden, offen und direkt zu sprechen wie bei unserem gemeinsamen Lehren und Lernen hier an der HfGG üblich.

Wie wir gehört haben, ist der ISSO Zukunftspreis eng mit dem »vierten König« verbunden, von dem mir gerade die wunderschöne Keramikskulptur überreicht wurde. Diese Figur möchte ich zum Anlass nehmen, zunächst ein wenig Wasser in den heiligen Wein dieser würdigenden Veranstaltung zu gießen. Meine Recherchen zu der doch recht unbekannten – man könnte auch sagen: randständigen – Figur dieses Königs haben ergeben, dass er sich literarisch wohl erstmals in der Erzählung *The Story of the Other Wise Man* (1892) des amerikanischen Theologen und Schriftstellers Henry van Dyke finden lässt. 1961 kam der Roman *Der vierte König* von Edzard Schaper hinzu. Laut beiden literarischen Fassungen

> »macht sich der vierte König – ebenso wie auch die drei Könige der katholischen Tradition – zur Zeit der Geburt des Heilands auf, um ihm zu huldigen. Er erreicht sein Ziel aber erst nach drei Jahrzehnten, wobei er seine ursprünglich für den neugeborenen König mitgebrachten Gaben für Werke der Barmherzigkeit hingibt. Er kommt gerade noch rechtzeitig, um den Gekreuzigten auf Golgatha zu sehen.«[4]

Offen gesagt, ist dieser König also nach den Standards unseres modernen Lebens alles andere als ein Erfolgsmensch. Eher ist er, neudeutsch formuliert, ein Loser,

4 Der vierte König. *Wikipedia*. https://de.wikipedia.org/wiki/Der_vierte_K%C3%B6nig. Gesehen 5. April 2025.

ein Opfer: Statt effizient zu sein, trödelt er herum. Statt sein Leben der Mehrung oder doch wenigstens der Bewahrung des Reichtums zu verschreiben, betätigt er sich als Gutmensch und gibt all denen, die es sich nicht verdient haben. Und am Ende kommt er auch noch zu spät. Statt Geburt, Aufbruch und Fortschrittsversprechen beizuwohnen, kann er allein Leid, Schmerz, Sterben und Tod bekunden. Kurz: Der vierte König ist ein Antipode zu unserem heutigen Fortschrittsglauben. Warum also einen Zukunftspreis ausgerechnet in sein Licht stellen? Im Folgenden möchte ich ergründen, wie genau dies trotz aller vordergründigen Widersprüche eine ausgezeichnete Idee sein kann. Zumindest werde ich darlegen, wie mich als Preisträgerin sehr viel mehr mit dieser merkwürdig nutzlosen Figur verbindet, als es auf den ersten Blick scheinen mag.

> »Es ist ganz wahr, was die Philosophie sagt, daß das Leben rückwärts verstanden werden muß. Aber darüber vergißt man den andern Satz, daß vorwärts gelebt werden muß.«[5]

In diesem Sinne werde ich ein wenig genauer Rechenschaft darüber ablegen, was mein Tun als Ökonomin, Philosophin, Gründerin und Präsidentin der Hochschule für Gesellschaftsgestaltung prägt – und welche Hintergründe dies hat. Dabei werden wir nicht nur wieder dem vierten König, sondern auch anderen merk-

5 Kierkegaard, S. (1923). *Die Tagebücher*. Deutsch von Theodor Haecker. Innsbruck: Brenner-Verlag, S. 203.

würdigen Gestalten begegnen, allen voran einem Koch, der Ochsen zerteilt, und seinem Fürsten.

Orte und Nähe

Wenn ich in einem Satz sagen sollte, wer ich bin, so würde ich antworten: »Ich bin eine Philosophin der Orte.« Das klingt zunächst banal. Ist es das aber tatsächlich? »Orte« lassen sich etwa mit dem walisischen *cynefin* übersetzen, das so etwas wie »Heimat«, »Habitat« oder »Orte, an denen man selbstverständlich lebt« bedeutet.[6] Insbesondere verstehe ich »Orte« im Sinne des japanischen *basho* (場所), dem ich u. a. meine Dissertation gewidmet habe (Graupe 2005 und 2007 sowie Graupe und Nonaka 2010). Mit *basho* wird etwas bezeichnet, in dem sich Menschen, Dinge und Prozesse befinden und von dem sie – analog zu einem Kraftfeld in der Physik – auf eine bestimmte Art und Weise geprägt und bestimmt sind.[7] Orte gestalten, so könnte man sagen, Mensch und Ding – meist ohne dass wir dies in unserem Alltag bemerkten. An einem *basho* herrscht ein bestimmter *Drive*, eine besondere Art Tendenz, wie alles getan und gedacht wird. Der *basho* ist, um es mit einer eher abgegriffenen Metapher zu sagen, wie Wasser für Fische: lebensspendend, sinngebend, die gesamte Existenz prägend – und dabei zugleich so selbstverständlich, dass es meist weder notwendig noch über-

6 Vgl. etwa Snowden, D. (2000). Cynefin: A sense of time and space, the social ecology of knowledge management. In C. Despres & D. Chauvel (Hrsg.), *Knowledge Horizons: The Present and the Promise of Knowledge Management* (o. S.). Oxford: Butterworth-Heinemann.

7 Vgl. Nishida, K. (2022). *Logik des Ortes. Der Anfang der modernen Philosophie in Japan.* Freiburg: Karl Alber.

haupt möglich erscheint, über ihn explizit zu reflektieren. Menschen denken und handeln *in* Orten, meist aber ohne *über* sie zu denken. Sie scheinen uns meist zu natürlich, als dass wir ihnen besondere Beachtung schenkten. Sie sind uns nicht zu fern, sondern zu *nah*, als dass wir sie leicht fokussieren könnten. Statt wie eine Weitsichtige meinen Blick auf die Fehler anderer zu richten und sie zu kritisieren, möchte ich mich im scharfen Sehen dieses Nahen, also der Schwächen meiner eigenen Kultur und Gesellschaft, widmen. »In unserem gewöhnlichen, vorwärtsstrebenden Leben bleibt das, was sich unmittelbar unter unseren Füßen befindet, hinter uns zurück und kommt uns nie zu Gesicht. Einen Schritt zurücktreten heißt in dieser Situation, Licht auf das ›unter dem Fuße Befindliche‹ zu werfen«, so formuliert es Keiji Nishitani, jener Zen-Meister und Philosoph des 20. Jahrhunderts, aus dessen Schriften ich so unermesslich viel die letzten Jahrzehnte über lernen durfte.[8]

Es wird also deutlich, dass ich mich für das Selbstverständliche, ja allzu Selbstverständliche in unserer Gesellschaft interessiere. Damit fühle ich mich etwa Marc Augé verbunden, der sich als »Ethnologe des Nahen« bezeichnet[9] oder mit Annie Ernaux, die sich als »Ethnologin ihrer selbst« betrachtet.[10] Warum aber mit dem Nahen beschäftigen? In unserem Alltag – ob in Wirtschaft, Wissenschaft, Politik oder Zivilgesellschaft – nimmt es sehr oft die Gestalt des scheinbar

8 Nishitani, K. (2001). *Was ist Religion?* Frankfurt am Main: Inselverlag, S. 45.

9 Vgl. etwa Augé, M. (2010). *Nicht-Orte*. München: C.H. Beck.

10 Vgl. etwa Ernaux, A. (2023). *Die Scham*. Frankfurt am Main: Suhrkamp, Innentitel.

 Unumstößlichen, des Unhinterfragbaren, des Faktischen und Sachzwanghaften an. »Das war schon immer so, es kann nicht anders sein!«, heißt es dann. »Wir diskutieren das nicht!« Bei solchen TINA-Argumenten (*there is no alternative!*) überfällt mich ein unbändiger Drang, hinter die Kulissen schauen zu wollen. Stehen tatsächlich keine Optionen offen, anders wahrzunehmen, zu fühlen, zu denken und zu handeln? Vielleicht könnte man eine solche Frage als schieren Luxus abtun. Sie ist es aber nicht. Ich zumindest bin der festen Überzeugung, dass wir die heutigen multiplen Krisen nur überwinden können, wenn wir nicht immer mehr vom Gleichen, d. h. auf der gleichen Grundlage, tun, sondern fundamental anders handeln. Dafür aber müssen wir lernen, die Orte des Normalen zu erschüttern und zu wandeln. François Jullien spricht treffend von der Kunst des »Ortswechsels des Denkens«[11], und diese Kunst suche ich zu pflegen. Dies tue ich nicht nur aus einer tiefsitzenden Lust am freien Denken, sondern auch aus Verantwortung gegenüber der Gestaltung lebenswerter Zukünfte – für die nachfolgenden und nachnachfolgenden Generationen.

Um irgendeine Art solipsistischer Nabelschau geht es mir dabei nicht. Im Zen-Buddhismus heißt es: »In einem einzigen Tautropfen: die ganze Welt.« Wenn wir nah genug rangehen, um dorthin zu blicken, wo es für uns allzu selbstverständlich wird, dann verengt sich zwar zunächst der Blick. Aber durch diese Fokussie-

11 Jullien, F. (2002). *Der Umweg über China: Ein Ortswechsel des Denkens.* Berlin: Merve.

rung können wir sodann die gesamte Welt neu in den Blick nehmen. Wenn ich etwa, wie ich es seit ca. zwei Jahren tue, autoethnographisch von meinen Erfahrungen als schwer erkrankte Person mit chronischen Schmerzen berichte (Graupe 2023), dann lande ich nicht bei einer Begutachtung meines Innersten. Ich schaffe Resonanzen mit dem Leid meiner Mitmenschen. Ebenso lege ich Abgründe unseres ökonomisierten medizinischen Systems offen, die keineswegs nur mich, sondern auch unzählige andere quälen. »Genauso erlebe ich es auch«, schreiben oder sagen mir wildfremde Personen ebenso wie Studierende in Reaktion auf meine Texte oder Interviews. »Ich konnte es bislang aber nicht sagen. Ich litt, indes ich litt stumm.« Im Spiegel meiner Werke vermögen sie zu erkennen, was ihnen widerfährt, und sie können Sprache dafür gewinnen. Das ist für mich höchstes Lob.

Ungewissheit und Brüchigkeit

Nun kann man natürlich nicht jeden *basho* erforschen. Tatsächlich verfolge ich in meiner Lehre, Forschung und Gestaltung des gesellschaftlichen Dialogs im Grunde stets nur ein spezifisches Interesse. Ich habe, neudeutsch gesagt, einen einzigen Purpose:

> Ich lebe in, wirke an und stehe ein für Orte, die fundamental von Ungewissheit, Relationalität und Offenheit geprägt sind.

Oh je! Ihr könnt sicher sein, dass mich dieser Fokus bereits jede Menge Schweiß, Mut und Anstrengung gekostet und mir Ärger eingebracht hat. Insbesondere hat er mich oft an die Grenze dessen gebracht, was meine akademischen Kolleg:innen bereit waren, als wissenschaftlich zu akzeptieren – und teilweise sogar über diese Grenze hinaus. Dies hat damit zu tun, um hier eine verwickelte Kultur- und Ideengeschichte des Abendlandes in wenigen Sätzen zusammenzufassen, dass unsere Wissenschaftstradition seit Jahrtausenden ganz überwiegend versucht hat, den Wirren und Unüberschaubarkeiten des Alltags so weit wie möglich zu entfliehen. Anstatt sich so nahe wie möglich ans Chaos menschlichen Lebens heranzuwagen, suchte sie in ihrem Mainstream überwiegend Distanz. Sie wollte, insbesondere seit Descartes, einen »Blick von Nirgendwo«[12] einnehmen, um *dort drüben* irgendetwas Stabiles, Unveränderliches, Vorhersehbares, Berechenbares und damit ultimativ auch Beherrschbares hinter allem menschlichen Wirren und Leid zu finden – sei es ein Gott, ein Gesetz der Materie oder abstrakte Rechenformeln.[13] Gerade auch die moderne Ökonomik huldigt diesem Grundgedanken bis heute. Lieber flüchtet sie sich in mathematische und statistische Scheinwelten und übersieht im Gegenzug Großteile menschlichen Leids (des Leids von Pflanzen und Tieren allemal), anstatt sich grundsätzlich zu überlegen, ob das Ansinnen der Weltflucht nicht vielleicht grundsätzlich problematisch sein könnte (vgl. etwa Graupe 2014a und 2016b). Die nahezu obsessive Suche nach dem Ewig-Unveränderlichen ist ihr so selbst-

12 Nagel, T. (1992). *Der Blick von Nirgendwo*. Frankfurt am Main: Suhrkamp.
13 Vgl. Daston, L., & Galison, P. (2007). *Objektivität*. Berlin: Suhrkamp.

verständlich geworden, dass kaum jemand mehr die Frage zu stellen wagt, ob sie zwar nicht immer, wohl aber oft eher zur Mehrung von Leid denn zu seiner Minderung beitragen könnte. Diese Frage stellt sich innerhalb des herrschenden Denkstils schlicht nicht. »Sie können uns gerne erklären, dass Sie anders rechnen wollen«, schleuderte mir einmal ein Ökonom entgegen. »Sie können aber unmöglich behaupten, dass wir gar nicht mehr rechnen sollten!«

Genau das aber tue ich. Damit meine ich nicht, dass sich nichts berechnen ließe. Das wäre absurd. Aber ich bin überzeugt, dass die Eigenschaft der Berechenbarkeit nicht die wichtigste und grundlegendste unserer Welt ist. Vielmehr folge ich prozessphilosophischen Ansätzen insbesondere aus den Traditionen Ostasiens. Diese gehen davon aus, dass der Boden, auf dem wir stehen, denken und wirken, stets von fundamentaler Unsicherheit geprägt ist: Er wackelt. Die Inselwelt Japans wird nahezu täglich von kleineren bis mittleren, zuweilen auch schlimmsten Erdbeben erschüttert. Das Leben auf ihr erweist sich somit prinzipiell als unberechenbar und unbeherrschbar. Auch unser soziales Fundament scheint mir nicht von unumstößlichen Strukturen geprägt. Sie sind nicht unverrückbar in Stein gemeißelt, sondern von Offenheit und Lebendigkeit geprägt. Und anstatt uns in mathematische scheinbar sichere Welten zu flüchten, sollten wir uns genau diesem Phänomen widmen (vgl. etwa Graupe 2014b).

In meinen neueren Arbeiten suche ich diese paradigmatische Wende von Berechenbarkeit und Beherrschbarkeit hin zu Ungewissheit, Komplexität und Dynamik

»Tief verschüttet
unter dem, was wir
›normal‹ nennen,
verbergen sich
neue Formen des
Wirtschaftens
und Denkens, die
wir entdecken
können.«

mit Hilfe einer wesentlichen Neuerung in der Geologie vor ungefähr hundert Jahren zu veranschaulichen (vgl. etwa Graupe 2025). Alfred Wegener setzte sich seit den 1920er-Jahren dafür ein, die Kontinentalplatten, auf denen sich alles irdische Leben abspielt, als einen lediglich vorübergehend festen Zustand zu begreifen, der in einen beständigen dynamischen Kreislauf der Gesteine eingebettet ist: In ihrem Inneren erwies sich die Erde für ihn als heiß, flüssig und unbeherrschbar. Alles Gestein, das sich daraus kristallisiert und die Erdkruste bildet, vermag nur vorübergehend zu erstarren. Irgendwann sinkt es wieder in den flüssigen Erdkern ab, und der Kreislauf aus Flüssigem und Festem beginnt von Neuem. In metaphorischer Hinsicht sehe ich Ähnliches in unserer Gesellschaft am Werk: Die vermeintlichen Sachzwänge etwa »des Marktes«, die gerade die Ökonomik beschwört, mögen zwar in Stein gemeißelt scheinen. Aber eigentlich handelt es sich lediglich um erstarrte Routinen gesellschaftlichen Zusammenlebens, die Menschen umschmelzen können, um sie fundamentaleren sozialen und ökologischen Dynamiken anzugleichen. Versagen wir darin, so entpuppt sich der Wandel dennoch als unaufhaltsam. Nur vollzieht er sich eruptionsartig. Er entlädt sich in schweren Krisen, die alle Sicherheiten in gewaltigen Ausbrüchen hinwegsprengen und so unsägliches Leid über Menschen und Natur bringen.

Überleben und Leben

»Wir dürfen nicht im Überlebensmodus sein. Wir müssen uns im Wachstumsmodus befinden.« In diesem Zitat, das Jeff Bezos, dem Gründer von Amazon, zugeschrieben wird, spiegelt sich für mich eine gefährliche Variante des trügerischen Glaubens an Festigkeit. Statt sich den Krisen der Welt aktiv zuzuwenden, herrscht hier eine Fortschrittsideologie vor, die meint, jeden Ort hinter sich lassen zu können, sobald er zerborsten und zerstört ist, um sich irgendwo anders erneut vorübergehend festen Boden zu suchen, der sich ausbeuten lässt. Statt sich um die Verlierenden zu kümmern, versucht man woanders erneut eine Zeit lang neue Gewinne zu machen, bevor auch diese Orte wieder in Chaos versinken. In dieser Logik vergiftet man komplexe Ökosysteme, zerstört diverse Kulturräume und kolonialisiert mehr und mehr Teilbereiche unserer komplexen Gesellschaft: die Bildung, das Gesundheitssystem, das Recht, die Politik. Erst versucht man sie zu beherrschen und auszubeuten, bevor man weiterzieht und sie gestört oder sogar zerstört wieder sich selbst überlässt. Menschen wie Bezos, aber auch Elon Musk zögern nicht, diese Ausbeutung so lange fortzuführen, bis unser gesamter Planet statt von gestaltbarer Dynamik von unkontrollierbaren Wirren geprägt sein wird. Doch auch dies wird sie nicht dazu bewegen, ihren Traum von Beherrschbarkeit und Ausbeutbarkeit aufzugeben. Denn sie phantasieren davon, dass dann wenige »fortschrittliche« Menschen zum Mars oder zu anderen Himmelsgestirnen unterwegs sein werden, um diesem Traum im Weltraum weiter zu frönen.

Genau diesem »Wachstumsmodus« möchte ich nicht dienen. Stattdessen wende ich mich jenem »Überlebensmodus« zu, der Bezos so verhasst ist. Ich möchte lernen und lehren, in und für eine Welt zu leben, die von fundamentaler Ungewissheit geprägt ist; eine Welt, die sich als zutiefst verletzlich erweist und zugleich von unendlicher zerbrechlicher Schönheit ist; eine Welt, in der Alter, Krankheit, Sterben und Tod unhintergehbar sind und die gerade auch deswegen voll unerschöpflicher Möglichkeiten steckt, Sinn zu stiften (vgl. etwa Graupe 2021a). Wie können wir ein gutes Leben führen, das auch noch unsere Kinder und Kindeskinder werden leben können? Wie können wir gut leben, eben *weil* wir die Schreie der Natur, der Kranken, der Sterbenden und der Armen hören und mit ihnen für Achtung, Würde und Zufriedenheit eintreten (vgl. etwa Graupe et al. 2019)?

»It is hard to be down, when you are up«, soll einst auf der 101. Etage des World Trade Centers gestanden haben.[14] Spätestens seit Descartes haben gerade auch Wissenschaftler:innen versucht, die Perspektive eines göttlichen Auges einzunehmen, das eben von »Nirgendwo« auf das Geschehen der Welt blickt. Sie meinten, aus sicherer Distanz schauen zu können, was *dort drüben* in der Welt des Sozialen und der Natur passiert, um es von dort aus berechnen und beherrschen sowie ultimativ ausbeuten zu können. In der Folge fällt es ihnen schwer, sich hinab in die Niederungen des gelebten Alltags zu begeben. Sie sind es nicht gewohnt, mitten in der Welt statt über sie zu forschen.

Ikarus, die berühmte Figur aus der griechischen Mythologie, wollte einst fliegen lernen, um sich über die Welt zu erheben und ihr zu entfliehen. Doch in seiner Hybris kam er der Sonne zu nah. Das Wachs seiner Flü-

14 Zitiert in de Certeau, M. (1988). *Die Kunst des Handelns.* Berlin: Merve, S. 180.

gel schmolz; er stürzte auf die Erde hinab. Ich meine, dass wir einen solch desaströsen Absturz als Wissenschaftler:innen nicht länger riskieren sollten. Stattdessen sollten wir uns »einen Fußbreit über dem Boden«[15] bewegen lernen: Nah genug dran an der Dynamik des Alltags und zugleich fähig, sich nicht gänzlich von ihr mitreißen zu lassen; eine notwendige minimale Distanz bewahrend, die uns nicht zu Rädchen im Getriebe, sondern zu aktiven Sinnstifter:innen in der Welt macht. Es gilt zwischen einem reinen Überlebensmodus auf der einen und einem reinen Fortschrittsmodus auf der anderen Seite einen *Lebensmodus* aufzuspüren, der nicht in Verzweiflung endet, sondern Ungewissheit und Offenheit immer wieder neu als Quellen von Lebendigkeit und Gestaltungskraft zu erschließen versteht.

Biographische Spuren

Woher meine Liebe zum quirligen und unüberschaubaren Alltag kommt, lässt sich wohl kaum endgültig aufklären. Jedenfalls bin ich in eine Hamburger Familie hineingeboren, die sowohl von mittelständischem Handwerk und Unternehmertum als auch von großer Hingabe zur Pflege von Kranken und Hilfsbedürftigen geprägt ist. Schon als Kleinkind nahm mein Vater mich in die Werkstätten seines Metallverarbeitungsbetriebes mit, wo ich, sicher auf dem Schoß von Arbeitern sitzend, die Welt vom Gabelstapler aus erkunden konnte. Kaum den Windeln entwachsen, durfte ich bereits mit-

15 Vgl. Heisig, J. (2003). *Dialogues at One Inch Above the Ground: Reclamations of Belief in an Interreligious Age.* New York: Crossroad Publishing.

erleben, wie diese Arbeiter und die Ingenieure gleichsam in einem gut einstudierten, gleichwohl aber stets improvisierenden Tanz jene Bleche und Komponenten fertigten, die mein Vater sodann zu verkaufen verstand. Die Mitarbeitenden hatten dabei ihre je eigenen Geschichten und Besonderheiten, ebenso wie jeder Winkel der Betriebsstätte seine Geheimnisse hatte. Relationalität und humanes Zusammenspiel waren mir dabei wie unsichtbare Bänder, die alles miteinander verbanden. Jene Betriebswirtschaftslehre, die diese Lebendigkeit aus Sicht eines übergeordneten Managements in Maß und Zahl zu ordnen und gewinnmaximierend auszubeuten sucht, lernte ich erst später während meines Studiums des Wirtschaftsingenieurwesens an der TU Berlin kennen. Sie ist mir stets fremd geblieben, eben weil sie die Lebendigkeit der Handwerkskunst und den tiefen Respekt vor den Arbeitern, mit denen ich aufgewachsen war, so schmerzlich vermissen lässt. Mehr noch: Sie erwies sich in Gestalt von Berater:innen, die unseren Familienbetrieb heimsuchten, als er in Schwierigkeiten geriet, weit eher als Totengräber denn als lebensspendende Gestaltungskraft. Das habe ich nie vergessen.

Meine Mutter lehrte mich die direkte Hingabe an den Menschen in all seiner Vielschichtigkeit und Verletzlichkeit. Leidenschaftliche Krankenschwester, die sie war, verschonte sie mich nicht vor Leid, Alter, Sterben und Tod. Stattdessen schien uns beiden selbstverständlich, dass ich sie begleitete, wenn sie Kranke und Sterbende pflegte. Als meine Großmutter starb, war ich gerade einmal sechs Jahre alt. Wir kamen an ihrem Totenbett zusammen, als wäre es das Normalste der Welt.

Betend und trauernd stellten wir uns dem gänzlich unerwarteten Einbruch des Todes in unsere Wirklichkeit, ohne Wenn und Aber. Hier erlebte ich erstmalig, wie sich das Leben in solchen Grenzmomenten intensiviert. Ich erlebte, wie sich trauern und gleichzeitig lachen lässt. Diese Erfahrung bestätigte sich in vielen anderen Fällen später in meinem Leben. Durch meine Mutter habe ich gelernt, hinzusehen und mich dem Leben in all seinen Schattierungen bedingungslos zuzuwenden. Durch sie habe ich Lebensstärke nicht durch Wegsehen und Distanznahme, sondern durch beständige und oftmals bedingungslose Bejahung des Hier und Jetzt gefunden. Sie verkörperte diese Haltung: *Ich bin da*.

Meine Liebe zu den Orten offenen und unüberschaubaren Lebens habe ich auch während vieler Reisen in ferne Länder entdecken und verfeinern dürfen. Dabei war ich, seit ich mit nur dreizehn Jahren alpin zu klettern begann, meist schutzlos unterwegs: mit Steigeisen und Seil auf den höchsten Gipfeln der Alpen, zu Fuß und mit schwerem Rucksack durch die Türkei und entlang alter Pilgerwege in Japan, mit Eseln durch einsame Bergregionen Frankreichs und Spaniens oder mit dem Fahrrad durch Jordanien, Ägypten, Island und Tibet. Weil ich dabei stets wild zeltete und auch keinerlei blecherne Schutzhülle um mich herum besaß, lernte ich auf Natur und Mitmenschen zu hören und ihnen zu vertrauen. Auf meinen Reisen, die ich seit 1997 gemeinsam mit meinem Mann Christof durchführte, haben chinesische Militärs mir ebenso geholfen wie Nomaden, Bäuerinnen und Schulkinder. Ich wurde von jordanischen Familien spontan zum Tee eingeladen, als mir die Kräf-

»Ich denke mitten im Leben. Nicht über es hinweg.«

 te auszugehen drohten. Im kalten und sturmumtosten Hochland Islands improvisierten spanische Reisende mir ein festliches Nachtmahl, als mir die Beine versagten. Auch wenn ich immer wieder zunächst Angst hatte, so durfte ich erleben, wie die allermeisten Unbekannten mich schützten, für mich sorgten und freundlich waren, als ich verletzlich war. Durch sie durfte ich lernen, dass neue Einsichten und Gestaltungsmöglichkeiten nicht durch Distanznahme, sondern aus Sich-Einlassen und Hingabe erwachsen. Ich durfte erkennen, dass das Fremde uns bereichert, weil es uns erlaubt, uns selbst fundamental in Frage zu stellen und anders, wenn nicht gar andere zu werden.

Diese Kunst der Selbsttransformation im Spiegel des Anderen durfte ich insbesondere während meiner Zeiten in Japan erfahren.[16] Vor dem Kühlregal eines örtlichen Supermarktes rätselte ich, welche japanischen Schriftzeichen wohl auf eine Milch verwiesen, die ich trinken könnte. Thierry Roboüam, ein jesuitischer und zugleich shingon-buddhistischer Priester, führte mich an einer katholischen Universität mitten in Tokio in den Buddhismus ein. Ich praktizierte als Laiin in einem zen-buddhistischen Tempel und pilgerte auf dem Kumano-Kodo, einem uralten Pilgerweg.

Durch zahllose und unendlich bereichernde Erlebnisse wie diese lernte ich, wie grundlegend anders Leben und dessen Sinn sein können und wie sehr mich das

16 1997 bis 1998 studierte ich an der Sophia Universität in Tokio, 2008 forschte ich mit Ikujiro Nonaka an der Hitotsubashi Universität ebenfalls in Tokio; seit 1997 pflege ich eine Praxis der Zen-Meditation und befasse mich intensiv mit der japanischen Philosophie, insbesondere der Philosophie der Kyōto-Schule.

Fremde öffnen und an Umbruchstellen meiner eigenen Existenz führen kann; Stellen, an denen ich essenzielle Unterschiede spüren und mich mit Leib und Seele in sie stürzen kann, bis es die Person, die ich bis dahin gewesen bin, innerlich in der Mitte zerreißt. So kann auch mitten in mir ungeahnt Neues hervorsprießen.

Ränder und Zentren

Ich kehre zurück zu meinem akademischen Werk. Mit meiner Faszination für lebendige und verletzliche Orte bin ich in der Wirtschaftswissenschaft und auch der Philosophie oft isoliert. Gerade die ökonomische Bildung erweist sich als ungemein verhärtet; sie ist erstarrt. Dabei beharrt sie vehement auf Distanznahme und Flucht in mathematische Scheinwelten. Jedes Jahr aufs Neue trainiert sie Hunderttausende oder gar Millionen junger Menschen rund um den Globus in Weltfremdheit, Empathielosigkeit, Moralferne und Praxisuntauglichkeit hinein (Graupe 2016a und 2016b). An der TU Berlin widerfuhr mir diese Bildung von 1995 bis 2000 zunächst selbst. Ich fand mich in ihr – trotz meiner andersartigen Erfahrungen in der Familie – zunächst gefangen, bevor meine Kritik an ihr einsetzen konnte. Statt sie also von außen tadeln zu können, musste ich lernen, mich Schritt für Schritt aus ihr zu befreien. Dies nahm, grob gesagt, von 2000 bis 2005 den Großteil meines Lebens in Beschlag. In ungezählten einsamen Stunden, Tagen, Wochen und Monaten in der Berliner Staatsbibliothek suchte ich im Spiegel des Fremden, den ich mir durch die japanische Philosophie erschloss, zu verstehen, wie ich mich (und in der Folge auch andere) aus dem extremen Höhenflug der Ökonomik wieder zurück ins weltliche Leben befördern konnte.

Niemals habe ich dabei den Anspruch aufgegeben, Wissenschaftlerin zu sein. Zugleich aber biederte ich mich dem Mainstream nicht an. Vielmehr war mein Ansinnen stets, die (Wirtschafts-)Wissenschaften so weit aufzudehnen, dass das Reich dessen, was als akademisch und wissenschaftlich legitimiert gilt, größer und vielfältiger werden kann. Von Toni Morrison, afroamerikanische Schriftstellerin, stammt der Satz: »Ich stand ganz am Rand [...], machte diesen zum Zentrum [...] und überließ es dem Rest der Welt, sich auf mich zuzubewegen.«[17] Ein solches Zentrum suche ich insbesondere mit der HfGG zu begründen. Sie soll, wiederum mit einem Begriff Michel Foucaults gesagt, eine *Heterotopie* sein, d. h. ein realer Ort anderer und neuer Formen von Wissenschaft und Bildung, der eben nicht einfach nur erdachte Utopie, sondern gelebte Praxis ist. Insbesondere um die staatliche Anerkennung unserer Hochschule von 2012 bis 2014 heftig ringend, war mir wesentlich, sie derart meisterlich am Rand des Konventionellen zu positionieren, dass sich mit ihr das herkömmliche Verständnis des Akademischen tatsächlich erweitern würde (vgl. etwa Graupe 2017a). Es ist heute schon lange kein Geheimnis mehr, wie dies nur durch außerordentlich heftige Kämpfe mit dem Deutschen Wissenschaftsrat sowie dem Wissenschaftsministerium in Mainz möglich werden konnte. Um Haaresbreite hätten wir diese

17 Suter, L. (2019). Toni Morrison (1931–2019): Den Rand zum Zentrum gemacht. WOZ. Die Wochenzeitung, 15. August 2019. www.woz.ch/!7P7FA1P3QJQ0. Gesehen 11. April 2025.

Kämpfe verloren, aber eben nur fast. Tatsächlich entbrannte der Hauptstreit mit den staatlichen Institutionen dabei entlang der Frage, ob unsere Art der Forschung und Lehre überhaupt als »wissenschaftlich« gelten dürfe. Ich bin froh, dass wir heute, lediglich knapp zehn Jahre später, diesen Streit nicht nur gewonnen haben; er ist gänzlich verschwunden. Mittlerweile dienen wir akademischen Kolleg:innen sogar zunehmend als Vorbild – und das bis hinein in Präsidien deutscher Hochschulen. Die Welt bewegt sich tatsächlich auf uns zu!

Sprache und Lebendigkeit

Um mein akademisches Werk noch ein wenig näher zu charakterisieren, möchte ich der abendländischen Erzählung des vierten Königs die Geschichte des »Kochs Ding« zur Seite stellen, wie sie sich in der ostasiatischen Denktradition findet:

> »Der Koch Ding zerteilte einen Ochsen für den Fürsten Wen Hui. Wo immer seine Hand zupackte, seine Schulter sich anlehnte, sein Fuß hintrat, sein Knie anstieß, da fiel das Fleisch mit einem zischenden Laut. Ritsch und ratsch, jeder Streich seines Messers war völlig im Einklang. Es stimmte zusammen wie im Tanz des Maulbeerbaum-Hains und in der Melodie des Jingshou. [Bedankend sprach der Fürst]: ›Vortrefflich! Ich habe die Worte des Kochs Ding gehört und habe gelernt, wie ich mein Leben ausbilden bzw. pflegen kann.‹«[18]

18 Zitiert in: Elberfeld, R. (2006). *Phänomenologie des Lebens als Selbst-Transformation.* Hildesheim: Universität Hildesheim, S. 277.

Tatsächlich handelt es sich beim »Ochsenteilen« nicht bloß um die blutige Tätigkeit des Schlachtens. Eher steht es metaphorisch für die Herausforderung, die Wirklichkeit immer wieder neu zu erfassen, um angemessen in ihr zu handeln. Der Begriff »Verstehen« lässt sich im Japanischen und Chinesischen zurückführen auf »zerteilen«: Mit Verstand und Sprache können wir die Dynamik und Lebendigkeit der Welt niemals vollständig erfassen. Vielmehr haben wir stets neu zu entscheiden, was wir von ihr hervorheben und was wir im Gegenzug in den Schatten unserer Aufmerksamkeit stellen wollen. Der Koch Ding demonstriert dem Fürsten Wen Hui, wie sich Welt derart erkennen lässt, dass sich dies im Einklang mit dem Fluss des Lebens vollzieht; ein Fluss, der einerseits beständig vergeht und sich anderseits immer wieder neu ins Unbekannte ergießt.

Die Geschichte des Kochs Ding mahnt uns, wie sehr es in unserer menschlichen Verantwortung liegt, wie wir die Welt und uns selbst darin wahrnehmen. Wir können damit unendlich viel erlangen – und zugleich auch ebenso viel zerstören und verlieren. Für mich entspringen daraus vielerlei Herausforderungen, von denen ich im Folgenden ein paar skizzieren möchte.

Ordnung und Chaos

Einen wesentlichen Aspekt meiner Arbeit sehe ich darin, Zeugnis über das Zerstörungswerk abzulegen, das die Wissenschaften allgemein und die Wirtschaftswissenschaft im Besonderen durch ihr Beharren auf extreme Abstraktheit und Weltfremdheit anzurichten imstande sind: Was geschieht, wenn gerade die Ökonomik und alles praktische Handeln, das sich von ihr leiten lässt, die Wirklichkeit eben gerade nicht im Einklang mit dem Fluss des Lebens, sondern nach ihm äußerlichen Maßstäben zerschneidet, zurichtet und zu beherrschen sucht? Im modernen Sinne die Welt wissenschaftlich verstehen zu wollen, birgt stets Gewalt in sich. Denn es setzt voraus, künstlich Ordnung inmitten von Unordnung zu bringen. Dafür müssen wir einerseits eigentlich Inkommensurables in gleiche Klassen oder Gruppen pressen und anderseits Zusammenhängendes voneinander separieren. Natürlich wird so Klarheit und Regelmäßigkeit geschaffen, wo zuvor Wuseligkeit und Undurchsichtigkeit dominierten. Zugleich werden aber auch Lebendigkeit getötet und Erfahrungen kategorisch ausgeblendet. Vielem wird die Sprache und der Ausdruck genommen; es wird zum Verstummen gebracht (vgl. etwa Graupe 2016c und 2017b). NISHIDA Keiji, jener moderne japanische Philosoph, der im Rahmen meiner Dissertation meinem Denken neue Flügel verlieh, sagt: »Es ist unzulässig, an der Wirklichkeit äußerlich herumzuoperieren, um sie dem Maß unseres Denkens anzugleichen.«[19] Dies aber gebietet die moderne objektive Wissenschaft. Sie verlangt, die Natur, den menschlichen Körper und sogar den menschlichen Geist in Untersuchungsapparate zu zwingen, um ihnen Geheimnisse abzupressen, sie zu beherrschen und ultimativ sogar auszubeuten. »Abstraktion in der Wirk-

19 Nishida, K. (2022). *Logik des Ortes. Der Anfang der modernen Philosophie in Japan.* Freiburg: Karl Alber, S. 61.

 lichkeit durchzuführen, heißt Wirklichkeit zerstören«, sagt Georg Wilhelm Friedrich Hegel.[20] Genau *so* ist es.

Das muss nicht per se falsch oder verwerflich sein. Was ich aber in jedem Falle als bedenklich erachte, ist die Tatsache, dass die Wissenschaft genau über diesen Zerstörungsprozess zuallermeist schweigt. Was eigentlich eine ethische Frage sein sollte – wie möchten wir auf die Welt zugehen und was ihr antun, um Wissen über sie erlangen? –, wird behandelt, als ob es ein Sachzwang sei.[21] Es wird so getan, als könne Wissenschaft nicht anders, als Millionen Studierende Jahr für Jahr weltweit in eine im Grunde destruktive Tätigkeit einzuführen. Ein Großteil meiner Forschungs- und Publikationstätigkeit besteht nun in exakt umgekehrter Absicht darin, explizit zu erforschen und zu beschreiben, welche Schatten die wissenschaftliche Abstraktion werfen kann und tatsächlich wirft – nicht um sie pauschal zu verteufeln, sondern um ein komplexeres Bild zu gewinnen und gerade jungen Menschen eine Entscheidungsfreiheit zu ermöglichen, wie und welche Wissenschaft sie tatsächlich selbst betreiben möchten (vgl. etwa Graupe 2016b, 2017c und 2018a).

Betroffenheit und Gewalt

Eine Art, wie ich dies tue, liegt darin, den Prozess der Wissenschaft aus der Perspektive von Betroffenen zu beschreiben, deren Lebenswelt kategorisiert und de-

20 Zitiert in: Brodbeck, K.-H. (2001). *Der Zirkel des Wissens – Vom gesellschaftlichen Prozess der Täuschung.* Aachen: Shaker Verlag, S. 231.

21 Unter anderem habe ich viel von meinem Doktorvater Karl-Heinz Brodbeck gelernt, der hierfür den Begriff der »impliziten Ethik« geprägt hat.

ren Erfahrungswelten zerstückelt oder gar gänzlich negiert werden. Was können Menschen inmitten einer völlig zerstörten Umwelt wie die des 2011 havarierten Atomreaktors in Fukushima überhaupt denken und tun, wenn alles um sie herum mit einem Schlag vollständig unleserlich wird – und dies, obwohl sie bis wenige Minuten zuvor noch fest daran glaubten, die Natur mit den Mitteln der Naturwissenschaft und Technik beherrschen zu können (vgl. Graupe 2014b)? Wie ergeht es Lehrkräften, wenn sie ihre eigentliche Berufung in bloße Jobs verwandelt sehen und ihre Lehrstätten in fabrikähnliche Institutionen (vgl. in Bezug auf den Schulalltag Graupe 2018b und 2019b)? Wie müsst Ihr Studierenden Teile Eures Menschseins ausklammern, absondern oder gar abtöten lernen, um in jenem »epistemischen Hürdenlauf«, den Euer (Wirtschafts-)Studium darstellen soll, bestehen zu können? Wie Euch Zielen unterordnen, denen Ihr zumeist nicht explizit zugestimmt habt, ja die Euch sogar überhaupt nie zu Bewusstsein gebracht wurden (vgl. Graupe 2016d)?

Wenn ich die Perspektive von Betroffenen einnehme, ist mir darin das Aufdecken epistemischer Gewalt ein zentrales Anliegen.[22] Bei Gewalt denken wir meist an äußere Einwirkungen. Jemand wird geschlagen oder auf andere Weise physisch malträtiert. Das Konzept der epistemischen Gewalt besagt, dass Menschen auch Opfer gesellschaftlicher Verhältnisse sein können, wenn nicht vorrangig äußerlich Wunden geschlagen werden.

22 Vgl. für eine Übersicht: Brunner, C. (2020). *Epistemische Gewalt: Wissen und Herrschaft in der kolonialen Moderne*. Bielefeld: transcript.

Eine wichtige Form dieser Gewalt sehe ich darin, wie seit Ende des 19. Jahrhunderts in Politik, Public Relations, Wirtschaft und Wirtschaftswissenschaft gleichermaßen versucht wird, die Vorstellungskräfte, Einstellungen, Ideen und Gefühle von Menschen unterhalb ihrer eigenen Wahrnehmungsschwelle zu beeinflussen und zu manipulieren. Es soll, so formulierte es Walter Lippmann, eine Pseudo-Umwelt zwischen dem Menschen und der realen Umgebung, in der er lebt und handelt, eingefügt werden. Über diese soll der Mensch selbst keine Kontrolle haben, gleichwohl sie über seine Reaktionen in der realen Umgebung entscheidet (vgl. Ötsch und Graupe 2018). Wer über die Prägung dieser Pseudo-Umwelt entscheiden kann, soll damit zugleich auch Macht über die Gesellschaft ausüben können. Wie stark diese zutiefst undemokratische und unaufgeklärte Sicht auf Mensch und Gesellschaft die ökonomische Bildung und insbesondere die volkswirtschaftlichen Standardlehrbücher prägt, habe ich eingehend analysiert und kritisiert (vgl. etwa Graupe 2017d und 2020a; Graupe und Steffestun 2018). Auch habe ich – gemeinsam mit meinem Kollegen Walter O. Ötsch (vgl. etwa Ötsch und Graupe 2018) – immer wieder zu zeigen versucht, wie manipulative Ausprägungen epistemischer Gewalt gerade im Rahmen des Neoliberalismus die öffentliche Meinung über den Staat auf tiefste Weise negativ beeinflussen, eine unkritische Vergötterung der »unsichtbaren Hand« des Marktes befördern und eine produktive Wahrnehmung des Gesellschaftlichen massiv behindern oder gar verhindern. Ohne eine systematische Aufarbeitung dieser Gewalt werden wir kaum in der

Lage sein, die heutigen Herausforderungen unserer Gesellschaft zu meistern. Denn eine Einigung auf gemeinsam geteilte Wahrnehmungen der Wirklichkeit sowie auf demokratische Regeln für den Umgang mit unterschiedlichen Wahrnehmungen sind dafür unerlässlich.

Die Machtausübung epistemischer Gewalt besteht – gleichsam wie die zweite Seite ein und derselben Medaille – auch darin, dass Betroffene das, was sie selbst mit Gewissheit erfahren, entweder gar nicht erst ausdrücken lernen dürfen oder aber ihnen kein Glauben geschenkt wird, wenn sie es versuchen. Sie hat deswegen ebenfalls mit Sprachlosigkeit und Verstummen zu tun. Sie vermag Menschen – ganz oder in Teilen – unsichtbar und vergessen zu machen. Sie vernichtet, indem gewichtige Teile humaner Erfahrungswelten als radikal unverständlich gebrandmarkt werden. Sie macht, ob bewusst oder unbewusst ausgeübt, Formen menschlicher Existenz unsichtbar oder gar unlebbar. Denn wer keine Sprache hat, von dem kann nichts gewusst werden, und von dem nichts gewusst wird, von dem kann man noch nicht einmal sicher sein, dass es sie oder ihn gibt. Meine Aufgabe sehe ich darin, sicht- und spürbar zu machen, wie Wissenschaft und Wirtschaft, allen voran das Denken in Geld, Maß und Zahl, an solchen Gewaltakten teilhaben oder sie sogar primär hervorbringen kann (vgl. etwa Graupe 2016e und 2019a).

Ein solches Anliegen zeitigt gewiss Widersprüche. Schließlich geht es darum, Sprache für tiefsitzende Formen der Sprachlosigkeit zu gewinnen. Es soll unsagbares Leid wieder sagbar gemacht werden. Es liegt immenses Befreiungspotenzial darin zu erkennen, wie Probleme der Ausdrucksfähigkeit dessen, was wir sind und was wir sein möchten, von tief eingegrabenen Strukturen unserer Gesellschaft mit verursacht werden (vgl. etwa Graupe 2021b). Gerade im gemeinsamen Lernen und Lehren mit Euch Studierenden erlebe ich das immer wieder. Es tut bereits gut, nur zu erfahren, dass wir in unserer Sprachlosigkeit keineswegs allein sind, selbst wenn wir noch tief in ihr verstrickt sind.

Ausdruck und Resonanz

Natürlich gilt es, noch einen Schritt weiterzugehen. Nicht nur möchte ich Sprache für Sprachlosigkeit gewinnen, sondern neue Ausdrucksformen für all das schaffen, was sich im normalen *basho* der Ökonomik und einer von Wachstum und Fortschritt getriebenen Gesellschaft insgesamt eben nicht (oder doch zumindest nicht leicht) sagen lässt. Wie lassen sich neue Resonanzräume schaffen, so dass das, was normalerweise zum Verstummen gebracht wird, wieder tönen und klingen kann? Diese Frage bringt mich zurück zum Koch Ding. Dieser führt uns vor, wie wir unseren »Ochsen«, also die Gesamtheit unserer Erfahrungen, wie in einem improvisierenden Tanz beständig neu (zer-)teilen und so immer wieder neue Aspekte des Lebens erkennen können. Wir können also lernen, die Welt nicht nur zu zerhacken, um abstrakte, leblose Erkenntnis zu gewinnen und unseren eigenen Vorteil daraus zu ziehen. Wir können uns Mühe geben, eigene und fremde Lebensvollzüge so vielfältig wie möglich zu verstehen und dafür die Kraft der Sprache kreativ, sinnstiftend und verantwortlich einzusetzen.

Es geht also nicht allein darum, zu schweigen, um den Gefahren von Sprache und Wissenschaft auszuweichen, sondern darum, sich des unterscheidenden oder gar zerschneidenden Verstandes immer wieder neu bedienen zu lernen, um ihn der Dynamik des Lebens anzugleichen. Ja, der Verstand kann zum integrativen Teil der Dynamik des Lebens werden! Weil ich hiervon überzeugt bin, widme ich einen Großteil meiner Lehr- und Forschungstätigkeit der Aufgabe, nicht nur einen ganzen Werkzeugkasten, sondern gar ein ganzes Sortiment an Instrumenten zu schaffen, mit denen sich ansonsten ausgeblendete Teile unserer Lebenswelten eben doch wahrnehmen lassen. Gerade in den letzten Jahren ist es mir dabei ein großes Anliegen geworden, imaginär-visionäre Erkenntnisweisen zu beleben (vgl. etwa Ötsch und Graupe 2020). Denn zusammen mit dem Gemeinsinn ermöglichen sie es uns, den tektonischen Wandel, d. h. fundamentale Umbrüche in den Institutionen unserer Gesellschaft, im Einklang mit der inhärenten Dynamik unserer Welt, dem »sozialen Magma« (Cornelius Castoriadis), aufzuspüren und zum Wohle der Menschen zu gestalten (vgl. etwa Graupe 2020b und 2025).

Auch schöpfe ich zur Gestaltung eben besagter Instrumente seit langem aus interkulturellen sowie kultur- und ideengeschichtlichen Grenzgängen (vgl. etwa Graupe 2014c und 2021c). Immer mehr wird mir zudem die Autoethnographie wichtig (vgl. Graupe 2023). Denn gerade sie vermag bislang eher unerforschte Spielräume neuer Wahrnehmung zwischen Individuum und Gesellschaft auszuloten. In der japanischen Philosophie und Psychologie begegnen einem immer wieder die Begriffspaare »omote und ura« (»außen und innen«) – sowie »tatamae und honne« (»äußere Strukturen/Konventionen und innere Welten).[23] Sie bezeichnen dabei keine Gegensätze, sondern sich wechselseitig bedingende Konstellationen. Sie stehen, genauer gesagt, in einer Art Resonanzverhältnis: Je gründlicher ich in mein eigentliches Inneres vordringe, desto fundamentaler lassen sich auch äußere institutionelle Gefüge verstehen. Über sich selbst zu erzählen, meint also nicht, sich bloßzustellen. Es meint die Kunst, das eigene (Selbst-)Bewusstsein so weit zu vertiefen, dass das »Ich« nicht mehr gegen andere abgeschlossen und verteidigt werden muss. Es kann vielmehr zu einem Erzählraum werden, in dem für mich und andere erkennbar wird, wie wir als Individuen stets und überall stillschweigend von gesellschaftlichen Konventionen geprägt sind und uns deswegen auch nur zusammen mit einem Wandel dieser Konventionen verändern können: Die Welt lässt sich nur durch uns Menschen hindurch umstürzen – und wir haben auch immer ein Stück Welt aus den Angeln zu heben, um selbst andere werden zu können.

Ich und Welt

Genau diesen »Zwischenraum« (japanisch: 間, *aida*) zwischen Individuum und Gesellschaft suche ich autoethnographisch zu erkunden. Autoethnographie meint, die eigene persönliche Erfahrung dergestalt zu reflektieren und zu beschreiben, dass mit ihr ansonsten

23 Doi, T. (1971). *The Anatomy of Dependence.* Tokio: Kodansha International.

eher verborgene kulturelle, soziale und politische Konventionen ans Licht treten und Möglichkeiten ihrer Neugestaltung sichtbar werden können.[24] Wichtig ist mir dabei, gerade auch meine fundamentalen Schwächen im Rahmen meiner schweren, lebensbedrohlichen und zugleich rätselhaften und unheilbaren Krankheit zu thematisieren.[25]

Warum liege ich während dieser feierlichen Preisverleihung so gemütlich im Liegestuhl, anstatt wie jede anständige Preisträgerin meine Dankesrede im Stehen zu halten? Vereinfacht gesagt, ist in meinem Körper die Kommunikation zwischen Nerven und Muskeln grundlegend gestört. Erstens führt dies zu ständigen und meist unbeherrschbaren Schmerzen. Zweitens werde ich schwächer und schwächer. Meine Reisen per Rad, zu Fuß und mit den Eseln liegen Jahre zurück. Heute komme ich an den besten Tagen noch schleichend ein paar Kilometer weit; zumeist aber ist selbst dies in unerreichbare Ferne gerückt. Zum Dritten ereilen mich mehrmals wöchentlich schwere Lähmungsanfälle, die mich innerhalb weniger Minuten zur kompletten Bewegungs- und Hilflosigkeit verdammen; ein Zustand, der über Stunden anhalten kann. So kann ich jederzeit in Situationen geraten, in denen ich selbst das Minimum dessen verliere, was eine menschliche Existenz gewöhnlich ausmacht: das Sprechen, Bewegen, Schlucken, Atmen. Un-

24 Adams, T. E., Holman Jones, S. L., & Ellis, C. (2015). *Autoethnography.* New York: Oxford University Press.

25 Fischer, G. (2024). Silja Graupe: Ich bin nur etwas wert, wenn … *brand eins*, November 2024. www.brandeins.de/magazine/brand-eins-wirtschaftsmagazin/2024/mentale-gesundheit/silja-graupe-ich-bin-nur-etwas-wert-wenn. Gesehen 11. April 2025.

 berechenbarkeit und Unplanbarkeit sind für mich von daher bei weitem keine abstrakten, leeren Begriffe; sie bilden das Fundament meines Lebens.

Ein solches individuelles Leid vollzieht sich nun keineswegs in einem sozialen Vakuum. Vielmehr wird es in unserer Gesellschaft auf vielfältige Weise potenziert. Michel de Certeau schreibt: »Der Sterbende ist ein Lapsus […]. Er ist obszön; er kann nichts anderes, als obszön sein. Das heißt, er wird zensiert, der Sprache beraubt und mit dem Leichentuch des Schweigens zugedeckt: das Unsagbare.«[26] So geht es auch mit dem Schmerz und dem Leid, die ich erfahre. Meine genannte dreifache Verletzlichkeit lässt mich ein Leben führen, das es in unserer Gesellschaft nicht geben darf, verschwiegen und unterdrückt wird: Erstens kann ich Leiden nicht vermeiden und Wohlergehen nicht bedingungslos über den Schmerz stellen, wie es der Utilitarismus tief in uns einprogrammiert hat. Zweitens wird mein Leben niemals besser, sondern beständig schwächer. Schrittweise und unaufhaltsam verliere ich alles, was äußerlichem Erfolg, Unabhängigkeit, ja überhaupt aller Fortschrittsideologie entspricht. Drittens verstößt meine Existenz fundamental gegen jede Idee von Berechenbarkeit, Planbarkeit und Beherrschbarkeit, so dass es der Wissenschaft, allen voran der modernen Medizin, aber auch der Ökonomik, radikal unverständlich, ja verhasst sein muss.

Wenn ich mein eigentlich Unsagbares nun trotz des Leichentuchs des Schweigens, das die Gesellschaft

26 de Certeau, M. (1988). *Die Kunst des Handelns*. Berlin: Merve, S. 336.

über es zu decken versucht, eben nun doch sagbar zu machen suche, erlebe ich oft, wie ich damit anderen Menschen Stimme für ihr Unaussprechliches geben kann. Ich schaffe für sie und für mich neue Begegnungs- und Kommunikationsräume, in denen wir zusammen andere werden können: nicht nur im kritischen Umgang mit epistemischer Gewalt, sondern auch in der Neukonstruktion einer Menschlichkeit; die von Anerkennung des Leids, Empathie, Hilfsbereitschaft und überhaupt einer sozialen Interrelationalität geprägt ist, die sich durch Furchtlosigkeit und Freude schlicht am jetzigen Moment auszeichnet. Was sollte uns schon passieren, wenn wir im Einklang mit dem Leben tanzen, das einfach *da* ist, so wie es ist? Das »Chaos des Lebens«, so sieht es der Daoismus, ist frei von allem Leid, das durch Anhaftung an vermeintliche Sicherheit und Ordnung entsteht. Es ist der Ort alles genuin Neuen – und der unerschöpflichen Freiheit, Relationalität zu feiern und aus ihr neuen Sinn zu stiften. Mich erfüllt mit tiefer Dankbarkeit und immer wieder großem Staunen, wie gerade Ihr Studierenden mutig seid, in dieses »Chaos« einzutauchen – und darin Neuanfänge für Euch selbst und unsere Gesellschaft sucht und konstituiert.

Bildung und Selbstgestaltung

Mir ist immens wichtig, dass diese Art des Eintauchens – wie auch jede andere Form der Bildung – niemals in Gefolgschaft ausartet. Weder möchte ich Euch Studierende mit Wissen füttern, noch solltet Ihr mich je kopieren wollen. Kehren wir nochmals zum Koch Ding zurück. Die Lehrgeschichte über ihn sagt nicht, dass der Fürst Weng Hui einfach das täte, was er vormachte. Vielmehr spricht der Herrscher: »Vortrefflich! Ich habe die Worte des Kochs Ding gehört und habe gelernt, wie ich *mein* Leben ausbilden bzw. pflegen kann.« Der Fürst versteht es, den Koch als Beispiel zu nutzen, um sich selbst besser zu verstehen und sein Leben in die Hand zu nehmen. Indem ich mich immer tiefer in meine Selbst- und Weltverständnisse einübe, möchte ich Euch Studierenden einen *basho* schaffen, in dem Ihr Euch ebenso frei wie verantwortlich entfalten könnt. Ich möchte Euch helfen, die Grenzen Eurer Gefängnisse, in denen Ihr Euch eingekerkert fühlt, aufzuspüren und sie aufzusprengen, sofern Euch dies selbst Anliegen ist. Dafür habe ich in grundlegender Absicht insbesondere gemeinsam mit Lukas Bäuerle eine neue Idee der Bildung und ihrer Prozesse geschaffen: die *Spirale transformativen Lernens* (vgl. etwa Graupe und Bäuerle 2023) und ebenso den *Transformative Economic Capabilities (TEC) Approach* (Bäuerle und Graupe 2024). Ob und wie Ihr solche theoretischen Konzepte ebenso wie meine eigentliche Lehre für Euch nutzt, liegt nicht in meinem Ermessen. Bildung darf, so wissen wir spätestens seit Wilhelm von Humboldt, niemals ein festgesetztes Ziel außerhalb derer haben, die sich da bilden. Bilden tut sich immer und stets nur der Mensch selbst. Mir ist unbegreiflich, und es erfüllt mich mit tiefem Schmerz, wie sehr Menschen und ganze Gesellschaften immer und immer wieder hinter diese Einsicht zurückfallen können!

Institutionen und Freiheit

Gewiss benötigen wir für eine Bildung zur Selbstbildung dringend neuer Institutionen; eine wahre Herkulesaufgabe, der ich mich nicht einfach nur intellektuell, sondern durchaus sehr praktisch in Gestaltung der Gründung und des Aufbaus der HfGG widme. Wie wohl bereits deutlich geworden ist, bin ich zutiefst skeptisch einem Wissen gegenüber, das die Welt zerteilt und zerschneidet. Ebenso misstraue ich nun auch Institutionen, die aus einem solchen Wissen heraus entstehen und dem Willen zur Beherrschbarkeit die Lebendigkeit von Mensch und Natur opfern. Die Festigkeit von Institutionen, so lässt sich allgemein formulieren, schränkt Vitalität, Lebendigkeit und Kreativität geradezu notwendig ein, um Vorhersehbarkeit und Planbarkeit zu schaffen, wenn sie sie nicht gar gänzlich zerstört. Warum aber habe ich dann, so darf man zu Recht fragen, eine Hochschule gegründet, warum bin ich deren Präsidentin? Warum schlage ich mich, noch unverblümter gefragt, also ganz offensichtlich auf die Seite institutioneller Macht, wenn sie mir doch eigentlich suspekt ist? Warum ringe ich aufgrund meiner Erkrankung buchstäblich um die Luft zum Atmen und kämpfe zugleich mit enormem Kraftaufwand und Kampfeswillen um das Überleben und Gedeihen einer doch eigentlich starren sozialen Konstruktion?

Zunächst meine ich, dass wir lernen sollten, Strukturen zu bewohnen, obwohl deren Starre nicht für uns gemacht ist. Richtig ist, dass Institutionen, wann immer sie durch äußerliche Mächte gebaut werden, niemals denen dienen können, die in ihnen leben. Vielmehr drohen Letztere stets zu bloßen Versuchskaninchen oder Rädchen im Getriebe zu verkommen. So bin ich etwa davon überzeugt, dass jener Hochschulwandel, der sich im Rahmen der Bologna-Reformen vollzogen hat, eben gerade nicht Euch Studierenden und uns akademischen Kolleg:innen zugutegekommen ist. Anderes zu behaupten, wäre in etwa so, als würde man die Entstehung und den Betrieb einer Legebatterie mit dem Wohl der dort untergebrachten Hühner begründen wollen. Dennoch, so meine ich, sollten wir alles daransetzen, die Universität in Zeiten von Bologna nicht aufzugeben, sondern uns ihre Strukturen gleichsam von unten und innen heraus anzueignen.

Erneut mit de Certeau gesagt, habe ich gelernt, zwischen Strategie und Taktik zu unterscheiden.[27] Über eine Strategie zu verfügen, meinte, mit Macht und Willenskraft agieren zu können, um von außen her die Regeln und Normen allen Handelns innerhalb des Systems bestimmen und stets zum eigenen Vorteil und Gewinn zu strukturieren und auszubeuten. Selbst als Präsidentin der HfGG vermag ich dies nicht zu tun. Denn innerhalb der herrschenden Bildungsverhältnisse verfüge ich nicht über einen »Ort des Eigenen«, von dem aus ich frei und unabhängig nach meinem Willen agieren könnte. Doch meint dies nicht, in Ohnmacht und Passivität verfallen zu müssen. Denn es bleibt mir die Taktik. Damit meine ich untergründige Formen zersplitterter und bastelnder Kreativität, die wie unterirdisch und unsichtbar ein »Netz der Antidisziplin« bilden, um innerhalb des Gegebenen größtmögliche Freiräume zu bilden. So haben wir etwa bei der Gründung unserer Hochschule die

27 Ebd., S. 85.

»Arbeitsmarktkonformität«, Markenzeichen aller Bologna-Studiengänge, nicht grundsätzlich in Frage stellen können, obwohl ich hier sogar stets verfassungsrechtliche Bedenken gehegt habe. Stattdessen aber haben wir diese Rahmensetzung nach außen hin scheinbar unangetastet gelassen, allerdings nur, um sie sogleich wie von innen her auszuhöhlen. So haben wir etwa mit reichlich Kreativität ebenso wie handwerklichem Können einen neuen zukünftigen Arbeitsmarkt imaginiert (um nicht zu sagen: erfunden), dem wir u. a. die Eigenschaften von Volatilität und neuen gesamtwirtschaftlichen Zielsetzungen (Nachhaltigkeit beispielsweise) zuschrieben. Daraufhin haben wir alles, was uns in der Bildung wichtig erschien, in zu erlernende sogenannte »Kompetenzen« in dieser neuen Arbeitswelt kreativ übersetzt und ihr so eine Daseinsberechtigung innerhalb des vorgegebenen Bildungstheaters verschafft.

Es gibt noch viele weitere Beispiele solcher Taktiken. So trage ich nach außen die Bürde und Würde einer deutschen Hochschulpräsidentin mit großem Ernst, wohlwissend, dass ich am akademischen Gehabe deutscher Hochschulleitungen wahrscheinlich wenig werde ändern können. Zugleich aber knüpfe ich unterhalb dieser Oberfläche mehr und mehr Netzwerke, in denen ich andere Formen der Kollegialität und akademischen Gestaltung erprobe und pflege. Auch beharre ich mit Herzblut darauf, Lehrende zu bleiben, obwohl Wissenschaftsministerien im Zuge der Managerialisierung der Hochschulen immer unerbittlicher darauf bestehen, dass Hochschulleitungen ihre Zeit nicht mehr auf direkte Interaktionen mit Studierenden »verschwenden«

 sollten. Doch gerade mit Euch Studierenden möchte ich immer wieder unmittelbar austesten, wie wir die Mauern des Konventionellen ausreizen oder sogar aufdehnen können, ohne gleich notwendig die Grenzen des gesetzlich Erlaubten zu überschreiten. Auf solche Weisen lerne ich, mich zunehmend angstfrei und umwälzend innerhalb von Strukturen zu bewegen, die ich nicht befürworte und die nicht die meinigen sind. Ja, ich empfinde bei aller Trauer und Empörung über das herrschende Bildungssystem sogar eine nahezu diebische Freude daran, innerhalb des Gegebenen so viele und so weite Spielräume wie möglich zu schaffen.

Natürlich gebe ich mich nicht damit zufrieden, dem System hier und dort untergründig ein taktisches Schnippchen zu schlagen. Vielmehr suche ich zu erreichen, das Zusammenspiel von Struktur und Lebendigkeit grundsätzlich anders zu gestalten. Das nenne ich Strategie neuer Art, die nicht äußerer Macht, sondern innerer Verantwortung entspringt. Normalerweise scheint es so, dass sich eben Struktur und Lebendigkeit unversöhnlich gegenüberstünden und sich wechselseitig negierten und ausschlössen. Institutionen aber ersticken Freiheit nur so lange, wie sie von außen abstrakt errichtet und kontrolliert werden. Nur dann wirken sie wie Gebäude, deren Bauherren nach rigiden Bauplänen vorgehen und unverrückbare Wände errichten, ohne je die Bewohner:innen zu fragen, wie sie sie denn tatsächlich nutzen wollten. Ich aber baue Institutionen eher nach japanischem Vorbild: wie mit einem großen Dach, das alle unter ihm vor äußeren Unbilden des Lebens schützt und ihnen so Sicherheit gibt, während den Be-

»Wie lassen sich neue Resonanz-räume schaffen, so dass das, was normalerweise zum Verstummen gebracht wird, wieder tönen und klingen kann?«

 wohner:innen im Inneren flexible Wände zur Verfügung stehen, die sie nach ihren Wünschen und Bedürfnissen einsetzen und verschieben können. Macht entspricht hier nicht der Gewalt, die Menschen zu ihren Zwecken ausbeutet, sondern nimmt fürsorgende Dimensionen an. »Macht kommt daher, dass man für jemanden etwas macht« (Mahatma Gandhi).

Weniger metaphorisch gesagt, hat meine institutionelle Schaffenskraft also damit zu tun, Gestaltungsräume schaffen zu wollen, die genug Halt und Sicherheit spenden, damit Menschen mutig und kreativ handeln können, ohne dass ihre Konventionen irgendjemanden erschlügen oder erdrückten. Konkret für die HfGG gesprochen, meint dies, gerade für Euch Studierenden und Mitarbeitenden (sowie für möglichst viele Menschen darüber hinaus) Bildungsräume zu konstruieren, die Euch so viel Verlässlichkeit und Sicherheit wie nötig und so viel Lebendigkeit und Entfaltungskraft wie möglich bieten können. Ich suche dabei das Habituelle und Althergebrachte keineswegs zu vernichten. Auch verachte ich Strukturen nicht. Stattdessen möchte ich sie kunstvoll dazu verwenden, verschiedenste Formen der Freiheit und der Kreativität an ihnen wie an Rankgerüsten emporklettern zu lassen, und umgekehrt dafür sorgen, dass sie nicht zu verkrustetem und verhärtetem Gestein verkommen, das alles überdeckt und erstickt.

Schutz und Gestaltung

Offen gesagt, ist all dies zuallermeist ein paradoxes, in jedem Falle anstrengendes Geschäft. Es benötigt ein beständiges Spiel aus Festhalten und Loslassen;

eine immer wieder neu auszutarierende Balance zwischen schützender Konformität und entfesselnder Kreativität. Mit besonderer Dankbarkeit und Zuversicht erfüllt mich, wie wir im Präsidium der HfGG diesen fortwährenden Drahtseilakt bis in tiefe existenzielle Ebenen gemeinsam zu gestalten verstehen. Wenn ich aufgrund meiner Erkrankung zum wiederholten Male weder sprechen noch mich bewegen noch vielleicht gar richtig atmen kann, dann bietet Ihr, Frank (Kupfer) und Stephan (Panther), mir in all meiner Verletzlichkeit kompromisslos jenen Halt, den ich brauche, um weiterleben zu können. Dort, wo mein eigener Körper gleichsam als schützender Tempel meines Innersten versagt, seid Ihr zur Stelle und versteht in Worten, Gesten und Taten, einen behüteten Raum um mich herum zu errichten. Doch schränkt mich dieser Raum niemals ein. Denn oft selbst noch am gleichen Tage lasst Ihr es zu, dass ich aus Eurem Raum auch wieder heraustrete und nun umgekehrt die Rolle als Architektin und Bauherrin für uns alle einnehme. Ihr gewährt mir die notwendigen Freiheiten, damit nun ich wieder für die Hochschulgemeinschaft da sein und an ihrem schützenden Dach sowie ihren Vorrichtungen für flexible Wände unablässig weiterbauen kann. Dank unserer wohl einzigartigen Gemeinschaft darf ich mich so als zugleich beschützt und beschützend, gestützt und stützend, sicher und frei erfahren. Was für ein unfassbares Glück!

Zukunft und Loslassen

Nun soll aber, wie es sich für eine Dankesrede eines »Zukunftspreises« gehört, zumindest abschließend noch vom Kommenden die Rede sein. Was wird die Zukunft sein? Was wird sie bringen? Zunächst ist wesentlich zu wissen, so finde ich, dass es sie nicht gibt. Denn dann wäre sie ja die Gegenwart. Weit davon entfernt, determiniert zu sein, liegt sie im ureigenen Reich unserer Imagination und Kreativität – eine Einsicht, aus der wir an der HfGG mittlerweile ein völlig eigenes und einzigartiges Bildungsprogramm geschaffen haben, das Menschen die Herrschaft und Gestaltungskraft über ihre Wahrnehmung von Welt und ihren Möglichkeiten wieder zurückgeben soll: die 4FutureLabs (vgl. etwa Graupe et al. 2024). Dies bedeutet freilich nicht, faktische Tendenzen leugnen zu können. Atommüll werden wir mit höchster Wahrscheinlichkeit nicht nur unseren Kindern und Enkeln, sondern auch unseren Urenkeln und Ur-Ur-Ur-Ur-Urenkeln etc. überlassen. Für Plastikmüll oder all die schweren seelischen Traumata, die durch Kriege und Ungleichheit von Generation zu Generation weitergegeben werden, gilt Ähnliches, wenn auch hoffentlich in etwas kürzeren zeitlichen Horizonten. Trotz all solcher Tendenzen sind wir Menschen aber frei, mitten darin neuen Sinn zu stiften und so unser eigenes Leben sowie alles Leben auf unserem Planeten sich in neue Richtungen entfalten zu lassen. Wir können kraft unserer Imagination, die das Noch-nicht-Vorhandene in die Gegenwart einbrechen lässt, den Lauf der Welt immer wieder auf überraschende Weisen verändern (vgl. Ötsch und Graupe 2018 und 2022).

Insbesondere angesichts meiner schweren Erkrankung bin ich dankbar, dass ich meine eigene Rolle innerhalb der Zukunft als nicht besonders wesentlich erachte – und mich stattdessen weit eher auf die kreative Gegenwart, auf den schöpferischen Moment im Hier und Jetzt zu fokussieren verstehe. Meine eigene Zukunft betrachte ich wie eine große Waldlichtung. Sie wird hell und lebensspendend und zugleich dadurch gekennzeichnet sein, dass ein alter Baum abgestorben sein wird. Umgeben wird sie von mächtigen Bäumen, ja einem ganzen Urwald an Bäumen sein, die mit dem dann toten Gewächs zunächst gemeinsam herangewachsen sind und sich mit ihm wechselseitig Halt und günstige Wachstumsbedingungen gegeben haben. Auf der Lichtung selbst werden vielfältige neue Pflanzen emporwachsen, die zuvor den Schutz des großen Baumes benötigt haben mögen, nun aber eigenständig dem Lichte entgegenzustreben und ein eigenes neues Biotop auszubilden vermögen.

Das Schönste an meinem Lebenswerk, und hier insbesondere der HfGG, ist also, dass es bereits jetzt vielen gehört und eine Zukunft vor sich hat, die mich nicht brauchen wird. Gewiss nehme ich im Hier und Heute gerne noch eine schützende, tragende und nährende Rolle ein. Entscheidend aber ist, was in Euch, in anderen Menschen wird wachsen und reifen können. Seien wir ehrlich: Es gibt kaum etwas Einfältigeres, als das Zukünftige in individuellen Lebensspannen zu bemessen!

Schluss

Kehren wir nun zum vierten König zurück, der Anlass für meine Preisrede gab. Nein, er war kein Loser, kein Opfer, kein Versager. Der vierte König lebte mitten im Hier und Jetzt. Er hielt den Moment aus und verschenkte in ihm all seine Gaben, damit andere daraus Neues schaffen mochten. Auch kam er nicht zu spät. Er kam in der pechschwarzen Dunkelheit vor Anbruch eines neuen Tages; exakt in jenem Moment also, wo alles Negative der Vergangenheit ausgehalten und versammelt werden musste, um genau daraus lichte Neuanfänge zu schaffen. Ich bin dankbar, fortan in seiner Tradition stehen zu dürfen, und gespannt auf alles, was wir in seinem Sinne noch gemeinsam gestalten werden!

Bäuerle, L., & Graupe, S. (2024). Enacting Economic Transformation: The Transformative Economic Capabilities (TEC) Approach. *World Futures*, 11(24), 1–30. https://doi.org/10.1080/02604027.2024.2417040

Graupe, S. (2005). *Der Ort ökonomischen Denkens. Die Methodologie der Wirtschaftswissenschaften im Licht japanischer Philosophie*. Heusenstamm: Ontos.

Graupe, S. (2007). *The Basho of Economics. An Intercultural Analysis of the Process of Economics*. Heusenstamm: Ontos.

Graupe, S., & Nonaka, I. (2010). Ba. Introducing Dynamic Spatial Thinking into the Theory of the Firm and into Management. *Philosophy of Management*, 9(2), 7–30. *Download (pdf)*

Graupe, S. (2014a). Der kühle Gleichmut des Ökonomen. Leidenschaftslosigkeit als Paradigma der Wirtschaftswissenschaft und die Fragefelder der Sozio-Ökonomie. In A. Fischer & B. Zurstrassen (Hrsg.), *Sozioökonomische Bildung* (S. 177–205). Bonn: Bundeszentrale für politische Bildung. *Download (pdf)*

Graupe, S. (2014b). Orte der Technik. Ba 場 und Basho 場所 in der modernen japanischen Philosophie. In A. Schlitte et al. (Hrsg.), *Philosophie des Ortes* (S. 115–138). Bielefeld: transcript. *Download (pdf)*

Graupe, S. (2014c). Standing on Mount Lu: How economics has come to dominate our view of culture and sustainability; and why it shouldn't. In J. Seibt & J. Garsdal (Hrsg.), *How is Global Dialogue Possible? Foundational Research on Values, Conflicts, and Intercultural Thought* (S. 523–550). Berlin: De Gruyter. *Zum Kapitel auf der Verlagsseite.*

Graupe, S. (2016a). Zwischen Marktgläubigkeit und Marktkritik. *DIE Zeitschrift für Erwachsenenbildung*, 1/2016, 26–30. *Download (pdf)*

Graupe, S. (2016b). Der erstarrte Blick. Eine erkenntnistheoretische Einführung der Standardlehrbücher der Volkswirtschaftslehre. In T. van Treeck & J. Urban (Hrsg.), *Wirtschaft neu denken. Blinde Flecken der Lehrbuchökonomie* (S. 18–29). *Download (pdf)*

Graupe, S. (2016c). »Gefangene der Bilder in unseren Köpfen.« Die Macht abstrakten ökonomischen Denkens. *Allgemeine Zeitschrift für Philosophie*, 41(3), 341–364. *Download (pdf)*

Graupe, S. (2016d). Wirtschaftswachstum und Bildungswiderstand. In Sánchez de Murillo (Hrsg.), *Facetten des Wachstums. Aufgang. Jahrbuch für Denken, Dichten, Kunst*. Augsburg: Aufgang Verlag. *Download (pdf)*

Graupe, S. (2016e). Geld als Denkzwang? Auswege aus dem Gefängnis der Ökonomie. In

K.-H. Brodbeck & S. Graupe (Hrsg.), *Geld! Welches Geld? Geld als Denkform* (S. 121–152). Marburg: Metropolis. *Download (pdf)*

Graupe, S. (2017a). »Einer Bildungsvision gerecht werden. Akademische Selbstgründung einer Hochschule in freier Trägerschaft. Ein Gespräch«. *Aufgang. Jahrbuch für Denken, Dichten, Kunst*, 14. *Download (pdf)*

Graupe, S. (2017b). »Wie konnte es passieren?« – ökonomische Bildung als Boden einer geistigen Monokultur. *Wirtschaftsdienst*, 97(12), 835–853. *Download (pdf)* und *Berichterstattung über die Debatte im Zeit-Blog*

Graupe, S. (2017c). Bezugsdisziplin Wirtschaft. *Politikum*, 4/2017, 67–68. *Download (pdf)*

Graupe, S. (2017d). *Beeinflussung und Manipulation in der ökonomischen Bildung: Hintergründe und Beispiele* (FGW-Studie Neues ökonomisches Denken, 5). Düsseldorf: Forschungsinstitut für gesellschaftliche Weiterentwicklung e.V. (FGW). *Download (pdf)*

Graupe, S. (2018a). »Die Welt mit anderen Augen sehen und meinen Weg finden.« Überlegungen zu einer Existenzorientierung sozioökonomischer Bildung. In T. Engartner, C. Fridrich, S. Graupe, R. Hedtke & G. Tafner (Hrsg.), *Sozioökonomische Bildung und Wissenschaft. Entwicklungslinien und Perspektiven* (S. 53–80). Wiesbaden: Springer VS. *Download (pdf)*

Graupe, S. (2018b). Der manipulierbare Geist. Das Menschenbild hinter dem Change Management – und wie man sich dagegen wehren kann. In J. Krautz & M. Burchardt (Hrsg.), *Time for Change? Schule zwischen demokratischem Bildungsauftrag und manipulativer Steuerung*. München: kopaed. *Download (pdf)*

Graupe, S., & Steffestun, T. (2018). »The market deals out profits and losses« – How standard economic textbooks promote uncritical thinking in metaphors. *Journal of Social Science Education*, 17(3), 5–18.

Graupe, S., Loske, R., & Ötsch, W. O. (2019). »Erkühne Dich, weise zu sein!« Grundrisse einer Gemeinsinn-Ökonomie. *Gesellschaft • Wirtschaft • Politik (GWP)*, 68(2), 243–250. *Download (pdf)*

Graupe, S. (2019a). Das Schweigen im Supermarkt. Über das Geld als Denkzwang. *evolve*, 23/2019, 54–55.

Graupe, S. (2019b). Verändere! Dich! Jetzt! In M. Burchardt & J. Krautz (Hrsg.), *Im Hamsterrad. Time for Change? Teil II* (S. 31–44). München: kopaed. *Download (pdf)*

Graupe, S. (2020a). »Eine Wissenschaft ihrer selbst willen.« Der motivationale Frame der Ökonomik. In W. O. Ötsch & S. Graupe (Hrsg.), *Imagination und Bildlichkeit der Wirtschaft. Zur Geschichte und Aktualität imaginativer Fähigkeiten in der Ökonomie* (S. 117–169). Wiesbaden: Springer VS. *Download (pdf)*

Graupe, S. (2020b). Der Gemeinsinn als dynamisches Fundament von Wirtschaft und Gesellschaft. Für ein neues Erkenntnisparadigma der Ökonomie. In S. Pühringer, S. Graupe, K. Hirte, J. Kapeller & S. Panther (Hrsg.), *Jenseits der Konventionen. Alternatives Denken zu Wirtschaft, Gesellschaft und Politik. Eine Festschrift für Walter O. Ötsch* (S. 387–418). Marburg: Metropolis. *Zum Kapitel auf der Verlagsseite.*

Graupe, S. (2021a). »Change is always as a last resort change in habits of thought«: For a new biodiversity of cognition in the face of today's crisis. *International Journal for Pluralism and Economic Education*, 11(3), 243–254. *Zum Sammelband auf der Verlagsseite.*

Graupe, S. (2021b). Die Entleerung der Bildung – Ökonomisierung als radikales Reframing. In T. Hauser & P. Merz (Hrsg.), *Vom Bürger zum Konsumenten. Wie die Ökonomisierung unser Leben verändert*. Stuttgart: Kohlhammer.

Graupe, S. (2021c). Spiel-Räume der Wirtschaft. Wie die interkulturelle Ökonomie die Macht ökonomischer Metaphern brechen kann. In I. De Gennaro, S. Kazmierski, R. Lüfter & R. Simon (Hrsg.), *Ökonomie als Problem. Interdisziplinäre Beiträge zu einer Kritik ökonomischen Wissens* (S. 115–138). Freiburg im Breisgau: Karl Alber. *Zum Sammelband auf der Verlagsseite.*

Graupe, S. (2023). Aus den Schatten der Normalität. Transformationen ›von unten‹. *agora42*, 3/2023, 3–6.

Graupe, S., & Bäuerle, L. (2023). Die Spirale transformativen Lernens. In M.-A. Heidelmann, V. Storozenko & S. Wieners (Hrsg.), *Forschungsdiskurs und Etablierungsprozess der Organisationspädagogik* (S. 223–241). Wiesbaden: Springer VS. *Download (pdf).*

Graupe, S., Kühn, P., & Twiesselmann-Steigerwald, K. (2024). Lust auf Zukunft! Methoden der 4FutureLabs im Rahmen der Future Skills Journey. In H. Koch, C. Schneider & U. Wilke (Hrsg.), *Future Skills lehren und lernen. Schlaglichter aus Hochschule, Schule und Weiterbildung* (S. 67–74). *Zum Sammelband.*

Ötsch, W., & Graupe, S. (2018). *Macht der Bilder, Macht der Sprache*. Neu-Isenburg: Angelika Lenz Verlag. *Zum Buch auf der Verlagsseite.*

Ötsch, W. O., & Graupe, S. (2020). *Imagination und Bildlichkeit der Wirtschaft. Zur Geschichte und Aktualität imaginativer Fähigkeiten in der Ökonomie*. Wiesbaden: Springer VS.

Silja Graupe.
Die Welt aus dem Jetzt heraus neu denken

Interview

Von Stefan Maier und Jeannette Hagen

Silja Graupe ist eine wegweisende Denkerin, die Philosophie und Ökonomie miteinander verbindet, um wirtschaftliches und gesellschaftliches Handeln neu zu gestalten. Ihr Weg begann mit einem Studium des Wirtschaftsingenieurwesens an der Technischen Universität Berlin, bevor sie sich in die Ökonomie vertiefte und der Philosophie zuwandte. In ihrer Doktorarbeit beschäftigte sie sich kritisch mit der herkömmlichen Wirtschaftswissenschaft, insbesondere durch die Linse der japanischen Philosophie, was schon früh ihren transdisziplinären Ansatz zeigte.

Eine ihrer bedeutendsten Leistungen ist die Gründung der Hochschule für Gesellschaftsgestaltung im Jahr 2014, die einen radikal anderen Bildungsansatz verfolgt. Dort setzt sie sich dafür ein, dass Ökonomie nicht bloß als technische Disziplin verstanden wird, sondern als etwas, das Empathie, Kreativität und Verantwortung erfordert. Silja sieht die konventionelle Wirtschaftslehre als zu eng gefasst und monokulturell, da sie die menschlichen Bedürfnisse und soziale wie ökologische Aspekte nicht ausreichend berücksichtigt.

Gleichzeitig vermittelt sie, dass eine andere Art von Bildung die Menschen in ihrer Fähigkeit stärkt, ein gutes Leben für alle zu schaffen. Seit 2021 ist Silja Graupe Präsidentin der Hochschule und treibt deren Entwicklung stetig voran. Ihr Ziel ist es, Räume für gesellschaftliche Transformation zu schaffen, in denen Menschen sinnstiftende Wege inmitten Krisen der Welt finden können. Sie gilt als eine treibende Kraft in der Diskussion um die Rolle der Imagination und des transformativen Lernens. Ihre Veröffentlichungen und Vorträge, darunter ihr Werk »Imagination und Bildlichkeit der Wirtschaft«, zielen darauf ab, das Bewusstsein für alternative Denkweisen und Lebensentwürfe zu stärken. Sie möchte eine Wirtschaft fördern, die von Gemeinsinn und einem Sinn für Möglichkeiten geprägt ist, anstatt sich nur auf den Markt zu verlassen.

An dieser Stelle könnte der Artikel enden, er zeigt den Status quo. Aber eben nur den und nicht das, was dahintersteckt. Nicht die Person Silja Graupe, nicht ihren wahren Lebensweg, der auf sehr eindrückliche Weise belegt, wie sehr ein Leben von Offenheit, Neugier und kontinuierlicher Sinnstiftung inmitten von Schmerz und leidhaften Erfahrungen geprägt sein kann.

Ahnen vom Land und Hamburger Wurzeln

Silja stammt ursprünglich aus Hamburg. Die Eltern des Urgroßvaters kamen nahezu mittellos aus dem heutigen Polen und verdingten sich auf Gütern in Schleswig-Holstein. Dort wurde der Urgroßvater zunächst zum Pferdeknecht. Später fasste er sich ein Herz und zog als armer, aber freier Mann nach Hamburg und arbeitete sich dort zum Krankentransport-Kutscher hoch. Siljas Großvater gründete später eine kleine Schlosserei, die Siljas Vater in der nächsten Generation Schritt für Schritt zu einem Betrieb der Metallverarbeitung ausbaute. »Ich bin also in einer Hamburger Mittelstandsfamilie aufgewachsen, die immer schon etwas Unternehmerisches in sich trug.«

Ihre Kindheit bezeichnet Silja als wohlbehütet. Die Mutter war Kranken- und Unterrichtsschwester, bevor sie – wie damals fast alle Frauen – wegen Silja und ihrer Schwester Anja ihren geliebten Beruf aufgab. »Von meinem Vater habe ich den Blick für das Rationale und das Unternehmerische und von meiner Mutter den Blick für den Menschen in all seinen Facetten«, sagt Silja und fährt fort: »Ich bin früh mit Abschieden konfrontiert worden. Meine Mutter begleitete viele Kranke, und wir als Kinder wurden oft mitgenommen.« So lernte Silja hinzusehen, Probleme und Leid wahrzunehmen, statt auszublenden.

Auch als die Großeltern starben oder eine enge Freundin mit nur dreißig Jahren ihrem schweren Krebsleiden erlag. »Der Tod ist bei uns nie ausgegrenzt worden, eher herrschte eine Art pragmatische Natürlichkeit im Umgang damit. Vergänglichkeit gehörte immer dazu – und damit durfte ich auch stets aufs Neue die Schönheit und Würde entdecken, die sich in den Momenten des Abschieds verbergen. Ebenso die Normalität, die davon ausgeht. Wir hatten als Kinder die Möglichkeit, den Tod buchstäblich zu begreifen. Angst vor dem Sterben habe ich wohl deswegen nie entwickelt.«

Familiäre Herausforderung

Deine Mutter ist 2022 an ALS verstorben, richtig?

»Ja, die ALS (amyotrophe Lateralsklerose) ist eine der schwersten neurologischen Erkrankungen, bei der die Kommunikation zwischen Nerven und Muskeln zunehmend unmöglich wird. Die Betroffenen werden immer schwächer, bis sie vollständig gelähmt sind. Sie können irgendwann nicht mehr essen, sprechen, schlucken und atmen. Dabei bleibt der Geist bis zuletzt vollkommen klar. Wir haben diese neurologischen Erkrankungen in der Familie, vor meiner Mutter sind bereits sechs Verwandte daran gestorben. Es ist ein extrem schwieriger Weg, bei lebendigem Geiste im eigenen Körper schrittweise vollständig gefangen zu werden. Und doch haben wir es als Familie geschafft, das Leben mit meiner Mutter bis zuletzt gemeinsam zu leben – *gut* zu leben, wie es eben war.

Zum Beispiel ist meine Schwester ein paar Tage vor dem Tod meiner Mutter zu unserem Lieblingskonditor gleich um die Ecke gegangen. Rausgehen konnte meine Mutter schon lange nicht mehr, Kuchen essen auch nicht. Aber meine Schwester fragte den Konditor, ob sie einen der wunderschönen Oleander, die er um sein Café gruppiert hatte, für unsere Mutter ausleihen könnte, da sie diese Pflanze so sehr liebte. Der Konditor zögerte keinen Moment, packte den wirklich sehr großen Pflanzentopf und trug ihn direkt bis ans Bett meiner Mutter. Seine Freude, helfen zu können, unser aller Erstaunen und die Glückseligkeit meiner Mutter erfüllten ebenso wie die Blüten und der Duft die gesamte Wohnung.

Das war ein unfassbar intensiver Moment. Für das Glück, das wir alle spürten, spielte es keine Rolle, dass meine Mutter nur wenige Tage später tot sein würde. Wir alle wussten, dass es so kommen würde. Aber statt sich der Trauer oder Angst zu ergeben, galt es, den Moment zu ergreifen und zu verstehen, dass ihm eine unglaubliche Schönheit und Freude innewohnt: Der Konditor hat sich gefreut, wir haben uns gefreut. Und immer, wenn ich jetzt an einem Oleander vorbeigehe, dann erinnere ich nicht nur den Verlust, sondern auch diesen wunderschönen Moment von gemeinsamer Freude.«

Präsenz in der Wirklichkeit

Silja meint, dass *anständig* gestorben werden muss, um dieses Leben loslassen zu können. Und sie ist überzeugt, dass all die erlebten Geschichten von Krankheit, Sterben, Alter und Tod sie gelehrt haben, nicht wegzulaufen oder sich der Angst hinzugeben. »Das ist auch etwas, das ich versuche, unseren Studierenden zu vermitteln: Dass, wenn wir in schwierigen Momenten dableiben, sich immer auch neue Perspektiven eröffnen. Hoffnung zu haben bedeutet nicht, dass alles gut und so werden wird, wie wir es uns vorstellten. Sie bedeutet, das Vertrauen zu haben, dass sich in jedem Moment neuer Sinn öffnen wird. Gerade auch dann, wenn es nicht so läuft, wie wir es gerne gehabt hätten.«

In diesem Zusammenhang erinnert sie sich an einen Buchtitel von Navid Kermani, »Einbruch der Wirklichkeit«, und beschreibt, dass es ihr genau darum geht: Die Wirklichkeit zuzulassen und sie ins Leben treten zu lassen.

»Ich habe eine ähnliche Erkrankung wie meine Mutter, auch wenn glücklicherweise nicht gänzlich sicher ist, dass es ALS ist. Trotzdem ist die Krankheit bereits in mir aktiv. Ich werde beständig schwächer und schwächer. Es ist kein Geheimnis: Auch ich steuere sehr wahrscheinlich auf einen Punkt absoluter Angewiesenheit auf Hilfe zu. Und ich weiß, wie unfassbar schwierig es wird, wenn mir irgendwann jemand selbst den Kuchen pürieren muss, weil ich nicht mehr richtig essen kann. Aber trotzdem ist es für mich keine Alternative, meine Verletzlichkeit auszublenden, wegzuschließen und stattdessen nach Gewinn oder Erfolg zu streben.

Das mag in unserer Gesellschaft üblich sein, aber ich sehe es als Geschenk, dass ich durch meine Mutter lernen konnte, dass und wie Leiden und Sterben zu unserem Leben gehören. Dabei will ich nichts schönreden – es geht schlicht und ergreifend um Qualen und Schmerzen. Aber dieses Gefühl, dennoch nicht weglaufen zu müssen, sondern das Leben intensiv weiterzuleben, ist etwas, was wir als Stärke kultivieren können.«

Das klingt nach der buddhistischen Lehre. Du hast ostasiatische Philosophie in Japan studiert, richtig? Wie bist Du dahin gekommen?

»Das erste Mal war ich 1994 in Japan, gleich nach meinem Abitur. Ich war damals Leistungssportlerin für Mittel- und Langstrecken und in Hamburg sehr erfolgreich. Gemeinsam mit anderen Läuferinnen wurde ich eingeladen, an einem Staffelmarathon in Osaka teilzunehmen; die Stadt ist Partnerstadt von Hamburg. Zunächst hat mir Japan überhaupt nicht gefallen. Alles kam mir sehr fremd und irgendwie auch schräg vor. Ich habe nichts verstanden. Es war wahnsinnig voll, wahnsinnig wuselig.

Später, während meines Studiums an der TU Berlin, entdeckte ich ein Angebot für ein Austauschjahr an der Sophia Universität in Tokio. Eine Uni, die von Jesuiten betrieben wird. Eigentlich wollte ich in die USA oder nach Kanada gehen, aber ich dachte mir, dass ich das später immer noch tun könnte. Die Gelegenheit, für ein Jahr in einer wirklich fremden Kultur zu leben, die würde sich so schnell nicht wieder ergeben. Als ich im Sommer 1998 nach Tokio aufbrach, war ich nach wie vor kein Japan-Fan und ich bin auch nicht wegen des Buddhismus dorthin gegangen.

Doch ich entdeckte wider Erwarten, dass ich an der Sophia ostasiatische Philosophie und speziell buddhistische Philosophie studieren konnte. Das fand ich spontan eine spannende Idee. Zumal ich ein Jahr zuvor zwei Monate lang und über dreitausend Kilometer mit dem Fahrrad in Tibet unterwegs gewesen war und dort auch einiges vom Buddhismus mitbekommen hatte. Im Buddhismus-Seminar war ein Jesuit mein Professor und Lehrer. Er hatte zwei Jahre zuvor bei japanischen Mönchen der Shingon-Schule auf dem heiligen Berg Kōya-san verbracht und mit ihnen gelebt, gelernt, gelehrt und meditiert.«

Buddhistische Praxis

Silja begann, sich für das Thema zu begeistern, wollte ursprünglich nur Vorlesungen belegen, aber der Jesuit empfahl ihr, einen Tempel in der Nähe ihres Studentenwohnheims aufzusuchen. Selbst im modernen Tokio gibt es heute noch hunderte, wenn nicht tausende dieser Stätten. »Man brauche Praxis, sagte mir der Professor, weil man den Buddhismus niemals allein mit rationalen Mitteln erfassen könne. Das fand ich interessant: Es ging also nicht nur um Wortverstand, der mir schon immer auf gewisse Weise weltfern erschienen war.« Silja fand einen Tempel, dessen Garten und Tempelgebäude sie intuitiv ansprachen, bat darum, an den Meditationen teilnehmen zu können und wurde abgewiesen. Aber sie ließ nicht locker, sprach erneut in ihrem gebrochenen Japanisch vor. Das Ganze wiederholte sich einige Male, bis man ihr sagte, sie könne sonntagmorgens um halb fünf kommen.

»Und dann war ich, die ich Protestantin bin, dabei. Es stellte sich heraus, dass es ein Zen-Tempel in einer Gemeinschaft mit einem Meister, vier oder fünf Mönchen und etwa zwanzig japanischen Laien und Laiinnen mitsamt ihrem Vorsteher war. Ich war die einzige Ausländerin, nur eine Dame sprach Englisch, ich kaum Japanisch. Ohne konzeptionelles Verständnis und praktisch ohne sprachliche Verständigungsmöglichkeiten lernte ich das zu tun, was die anderen taten, mit ihnen zu rezitieren sowie im Sitzen und Gehen zu meditieren. Auch putzten wir nach der Meditation fröhlich lachend Tempel und Garten und tranken Tee miteinander.

Das alles habe ich zunehmend lieben gelernt. Dieses nicht begriffliche Verstehen, stattdessen das Mitmachen, Dabeisein, die vorsprachliche Verbundenheit, das Mitgefühl. Das, was in Japan an intensiver, selbstverständlicher Gemeinschaft war, das habe ich hier in Deutschland nie wieder so gefunden: dieses komplett situative Verständnis, diese Freude am gemeinsamen Tun und dieser Gemeinschaftssinn. Nichts davon benötigte eine explizite Kommunikation.«

»Es braucht Räume, in denen Menschen sich ausprobieren dürfen, ohne bewertet zu werden.«

Parallel zur Praxis im Tempel erhielt Silja bei dem Jesuitenpater eine Einführung in die buddhistische Philosophie japanischer Prägung. Was sie entdeckte, war eine Sprache für das, was sie eigentlich schon lange prägte, aber nicht auszudrücken verstand. »In unserer Kultur und Gesellschaft haben wir dafür oft keine Sprache.«

Kannst Du das ein bisschen erklären?
Keine Sprache wofür?

»Ich erkläre es gerne mit der Metapher der Kippfiguren oder Vexierbilder. Die meisten kennen sie: Auf einem Bild sieht man entweder eine Vase oder zwei Gesichter. Beides lässt sich aber nie gleichzeitig erfassen. So sehen die einen stets nur die Gesichter, während die anderen ganz selbstverständlich eine Vase erblicken. In gewissem Sinne ist das ein gutes Sinnbild für unsere Gesellschaft, in der wir mehrheitlich nur eine Realität als einzig mögliche anerkennen, während wir andere Wirklichkeiten völlig ausblenden, aktiv negieren oder gar bekämpfen.«

Silja fährt fort: »So steht in einer buddhistisch geprägten Kultur von vornherein im Vordergrund, Leiden und Vergänglichkeit als unumgängliche Grundkonstitutionen allen Lebens anzusehen. In unserer Gesellschaft aber tun wir alles, um genau das auszublenden und deren Existenz so umfassend wie irgend möglich zu leugnen. Sie sind zwar ›da‹, aber wir wollen sie nicht sehen. Wir benehmen uns gewissermaßen wie ›Vasen-Menschen‹, die in einer Welt leben, die eigentlich auch voller ›Gesichter‹ ist.

Ich selbst habe, um im Bilde zu bleiben, aufgrund meiner eigentümlichen Biografie immer auch die ›Gesichter‹, also das Leid und die Vergänglichkeit, gesehen und erfahren. Aber ich hatte keine Sprache dafür. Oder nehmen wir die Philosophie. Ich habe nie verstanden, warum in der Schule Kant und Hegel gelehrt wurden. Sie arbeiten meist mit rein abstrakten Begrifflichkeiten, verlieren aber im Grunde kein Wort über die Wirklichkeit des Alltags. ›Warum sollte ich mir eine Welt außerhalb der Realität bauen?‹, habe ich mich immer gefragt und alles darangesetzt, Philosophie als Unterrichtsfach abzuwählen.

Heute verstehe ich es besser: Unsere abendländische Tradition will uns glauben machen, dass wir eine starke Realitätsferne bräuchten, um Sicherheit zu gewinnen. Sie verleitet uns stets dazu, sich jenseits des Alltags und seiner Wirren und seinem Leiden eine gedankliche Festung zu bauen und alles, was nicht in diese Festung reinpasst, auszublenden. In Japan lernte ich eine Kultur kennen, die das nicht braucht.«

Wobei Kant die Philosophie ja aus den Hochschulen rausholen wollte. Hat er nicht sogar gesagt, Philosophie wäre nur sinnvoll, wenn wir sie auch leben können?

»Ja, wobei es ihm aber auch um den Blick von außen, also um einen distanzierten Zugang ging. Wir sollen, kurz gesagt, auch nach Kant erst denken und das Gedachte dann in die Realität umsetzen. Das hat wenig damit zu tun, tatsächlich in der Ungewissheit zu verharren und in die Radikalität der Wirklichkeit einzutauchen, um von dort aus – also von einem Standpunkt absoluter Alltäglichkeit und ohne vollständige Übersicht – ins Philosophieren und Nachdenken zu kommen.

Genau das hat mich aber an der modernen japanischen Philosophie angesprochen. Diese Philosophie ist im 19. Jahrhundert entstanden, als Japan sich sogenannt ›freiwillig‹ verwestlicht hat. Es ist also nicht kolonialisiert worden, hat aber sehr wohl einen kulturellen Vernichtungskampf gegen sich selbst geführt, um ›modern‹ zu werden. Innerhalb von wenigen Jahrzehnten hat die japanische Bevölkerung ihre Medizin, ihr Rechtssystem, ihr Bildungssystem, ihr Verwaltungssystem, also im Grunde alles bis auf die Schrift, aufgegeben und umgestellt. Das hat dazu geführt, dass viele nicht mehr wussten, wer sie sind. Sie drohten, sich selbst zu verlieren. Und genau aus diesem Zustand heraus hat die moderne japanische Philosophie versucht, einen neuen Anfang zu finden, also gewissermaßen die Gebrochenheit, das Nichtwissen, die Nichtidentität als Ausgangspunkt zu nehmen. Das hat mich damals sehr angesprochen, weil ich das Gefühl gut kannte, keinen festen Boden unter den Füßen zu verspüren.«

Was hast Du daraus gelernt?

Ich habe für mich gelernt, die japanische Philosophie wie eine Art Befreiungsphilosophie zu verstehen. Sie hat mir Prozesse und Möglichkeiten aufgezeigt, wie ich aus dem engen Gefängnis des Gewöhnlichen rauskommen, wie ich meine kulturellen Grenzen aufsprengen und mich weiten kann. Eben nicht Halt und Sicherheit zu suchen, sondern eher die Freude daran zu entdecken, gleichsam ins kalte Wasser zu springen. Zu springen und zu lernen, mit den Fischen zu schwimmen und, in ihr Leben einfindend, mein Leben neu zu verstehen. Ich habe durch die japanische Philosophie den Mut gefasst, in das Leben einzutauchen, das so bunt, vielfältig und komplex ist, dass man es rational niemals vollständig erfassen kann. Das hat mir geholfen, eine Sprache für mich zu finden und andererseits auch Kritik an Bestehendem zu formulieren.«

Silja beschreibt, dass Meditation für sie nicht nur viele Stunden unbeweglichen Sitzens mit überkreuzten Beinen bedeutet, wo sich ihre mentalen Gewohnheiten umbauen, sondern dass sich eben auch ihr Körper »umbauen« musste. Sie konnte nicht wie andere schmerzfrei auf den Kissen sitzen. »Aufgrund meiner neurologischen Erkrankung war ich nie schmerzfrei; aber in dieser Situation kam mir das Leid besonders zu Bewusstsein, da es keinerlei Ablenkung gab. Ich habe es dennoch durchgehalten, ja sogar gerne auf mich genommen. Ich spürte, dass ich in einer Gemeinschaft aufgehoben war, die mein Leid nicht nur anerkannte, sondern auch teilte.

Man muss wissen, dass die Wände des Tempels überwiegend aus japanischem Reispapier gebaut waren. Im Winter saßen wir bei Temperaturen um den Gefrierpunkt stundenlang bewegungslos auf unseren Meditationskissen und haben natürlich gefroren. Aber anstatt das auszublenden, hat die Gemeinschaft es gemeinsam ausgehalten und zelebriert. ›Samui desu ne‹ hieß es immer. ›So kalt, nicht wahr?‹ ›Itai desu ne‹ – ›Es schmerzt, nicht wahr?‹ Diese klare, aber niemals klagende Offenheit für den Zustand des Frierens oder des Schmerzens, das kennen wir bei uns vielleicht aus dem Sport. Aber es in einem kulturellen Setting zusammen auszuhalten und sich dann ebenfalls gemeinsam an einer einfachen wärmenden Suppe oder einer schlichten Geste des Mitgefühls zu freuen, das war für mich nochmal etwas ganz anderes.«

Radikale Offenheit

All diese Erfahrungen tragen Silja heute, helfen ihr, mit ihrer Krankheit umzugehen oder den Herausforderungen im Zusammenhang mit der Gründung ihrer Hochschule gewachsen zu sein. So gelingt es ihr beispielsweise, Emotionen aufzulösen oder sie in einem größeren Zusammenhang zu sehen. Nicht im Sinne einer Selbstoptimierung, sondern verstanden als »Offenheit, sich in jedem Moment neu zu definieren«. Einerseits nimmt sie alles ernst: die Hochschule oder den Wunsch, die Welt zu einem besseren, lebenswerteren Ort zu machen. Und gleichzeitig kann sie all das loslassen, sich damit auf Ungewissheit einlassen und diese auch aushalten.

Das Ideal der radikalen Offenheit, das den Buddhismus trägt, prägt ihre Arbeit, ohne dass sie sich in der Rolle der Missionarin sieht. »Ich setze immer nur da an, wo Menschen selbst anfangen zu zweifeln oder verzweifelt sind. Denen helfe ich, ihre Stimme und neuen Sinn zu finden. Das ist mir stets wichtiger, als jemanden zu bekehren oder ihm zu sagen, dass er etwas einsehen müsste, was er nicht will.« Diese Haltung prägt nicht nur die Arbeit mit Siljas Studierenden, sondern findet sich ebenso in ihren Veröffentlichungen. Sie will nichts

»weg«reden, sondern »zur Seite stehen«. »Ich sehe, dass so viele Menschen auf dem Weg sind oder sich auf den Weg machen wollen und nicht die notwendige Unterstützung bekommen. Bei ihnen ist mein Ort.«

Die Unternehmerin

Silja stammt, wie eingangs schon erwähnt, aus einer Unternehmer-Familie. Da drängt sich die Frage auf, warum sie gerade die Ökonomie derart kritisch sieht. Sie beantwortet das mit Geschichten aus dem familieneigenen Unternehmen, die dem der gängigen Ökonomie-Lehre gegenüberstehen. So wurde die Firma des Vaters, wie es vielen Familienunternehmen üblich war und ist, von einem hohen Ethos getragen. Es wurde alles getan, um Arbeitsplätze zu erhalten und die Mitarbeitenden mit ihren privaten Problemen nicht alleinzulassen. Der Vater war stets bemüht, Lösungen zu finden. Er war eben nicht von der klassischen »Konzernprofit-Gewinnsucht« getrieben, wie Silja sagt. In der klassischen Ökonomie käme ein solcher Ethos allerdings nicht vor. Das bekam auch der Vater zu spüren.

»Nach 1989 ist die metallverarbeitende Industrie stark nach Osteuropa abgewandert mit dem Ergebnis, dass bei uns in Hamburg die Aufträge wegbrachen. Und dies, obwohl mein Vater gerade in einen großen Neubau investierte. Ich habe meinen Vater und das Unternehmen dann zehn Jahre durch sehr schwierige Zeiten und schließlich auch durch eine Insolvenz begleitet.« Damals war Silja zwischen 18 und 28, hat in diesen Jahren gelernt, was es heißt, potenziell alles verlieren zu können.

»Mein Vater hat damals das Unternehmen verloren. Er ist aber bis heute stolz darauf, dass kein anderer Mitarbeiter gehen musste, weil das Unternehmen komplett – also mit den Mitarbeitenden – übernommen wurde. Gerade kürzlich haben einige, die dort als Lehrlinge oder Sekretärin mit vierzehn oder fünfzehn Jahren noch bei meinem Großvater angefangen hatten, ihre 50-jährige Betriebszugehörigkeit gefeiert. Mein Vater ist auch heute noch mit diesen Menschen befreundet.«

Selbst alles zu verlieren, zu erfahren, was es heißt, wenn Banken sich gegen einen wenden, wenn Berater kommen, die nur an das Geld oder das Vermögen wollen, wenn Menschen versuchen, die Familie zu zerteilen, um unterschiedliche Entscheidungen zu bewirken, um am Ende selbst den Vorteil zu haben – diese Erfahrungen brannten sich in Silja ein. »Ich habe den Kapitalismus auch von der Seite derer erlebt, die auf der Verliererseite stehen. Und ich habe die Last gesehen, die mein Vater getragen hat, weil er sich verpflichtet sah, Teil dieses Systems zu sein. Er wäre lieber Architekt oder Künstler geworden, konnte sich aber nicht gegen die Familientraditionen stemmen.«

Der Blick auf die eigene Familiengeschichte offenbart, wie komplex das Wirtschaftsleben ist. Was sich an vielfältigem Leid und Glück, Hoffen und Bangen hinter Firmen verbirgt, die von Ökonomen, Bankern und Beratern auf abstrakte Modelle der Gewinnrechnung reduziert werden. Und wie diese Modelle definitiv nicht helfen, die Komplexität, die Problematik und das Leiden zu verstehen, wenn es einmal nicht rundläuft. Silja erkannte, dass sie mit ihrem Studium genau auf der eigentlich falschen Seite des Abstrakten stand. »Also auf der Seite von denjenigen, auf deren Seite ich nicht stehen wollte.

Das Wissen, das ich mir aneignen sollte, hat mir überhaupt nicht geholfen, um in komplexen Situationen handlungsfähig zu sein. Es hat mir weder menschlich geholfen noch fachlich noch praktisch. Im Grunde war das, was ich an der TU Berlin in BWL und VWL lernte, also etwa all die Effizienz- oder Kreditkriterien, genau das, was unser eigenes Familienunternehmen zerstörte. Es gab den Menschen keine Sicherheit. Stattdessen schürte es Angst, weil es sinnstiftende Betriebszusammenhänge zerstörte. Obendrein ergab es auch aus Sicht des langfristigen Betriebserhalts keinen Sinn.«

Umso wichtiger ist es Silja heute, jungen Menschen Spannungsverhältnisse zu vermitteln und ihre eigenen Erfahrungen zu teilen: »Damals saß ich auch in diesen hochgradig abstrakten Vorlesungen, dachte: ›Du musst das lernen, und du musst auch erfolgreich sein, weil du ja ein Stipendium von der Studienstiftung des Deutschen Volkes hast.‹

Aber ich war wie in zwei Parallelwelten gefangen, die zunehmend nicht mehr zusammenpassten. Vielleicht ist das einer der Wendepunkte in meinem Leben: Damals, als es 1998 äußerst eng mit der Familienfirma wurde, war ich als Praktikantin bei Bain & Company, einer Unternehmensberatung in München, tätig. Ein Job, der als sehr prestigeträchtig galt. Ich bin über Ostern schwer erkältet zu meiner Familie gefahren, sah dort das Leid und fuhr dennoch wieder nach München zurück, um am Osterdienstag mit Beratern zusammenzusitzen, die sich über endlose Excel-Tabellen beugten oder sich darüber unterhielten, welchen Porsche sie kaufen wollten.

Es fühlte sich alles komplett verrückt und unwirklich an. Ich wusste, dass mein Vater zuhause menschlich am Rande der Handlungsunfähigkeit war und dass für meine Familie finanziell alles auf dem Spiel stand. Denn wir hatten keine finanzielle Absicherung, außer eben diese Firma. Ich bin damals zu einem der Partner von Bain & Company gegangen und habe ihm die Situation geschildert. Seine Antwort war: ›Bei Deinem Vater wirst Du jetzt unendlich viel mehr lernen als bei uns. Und wenn Du jetzt nicht zu ihm gehst, wirst Du es Dir Dein Leben lang vorwerfen.‹ Dann hat er seine Sekretärin angerufen und ihr gesagt, sie solle sofort einen Flug nach Hamburg für mich buchen; seine Beratung würde die Kosten tragen. Er hat mir unfassbar geholfen. Denn in diesem Moment war mir klar, dass mein Platz nie mehr in der Beratungsbranche sein würde, sondern ich mich stets für das direkte Unternehmertum, für das gelebte Leben entscheiden würde.

Später hat mich Bain & Company mehrfach angerufen; sie wollten mich wiederhaben. Für mich aber blieb klar, dass die Unternehmensberatung nie mehr mein Ort sein würde. Dennoch bin ich froh und dankbar, dass ich solche Praktika und Stellenangebote gehabt habe. Denn ich kann heute immer sagen, dass ich nach den normalen Kriterien von Ruhm und Erfolg hätte mitspielen können. Aber ich wollte es nicht.«

Neue Ökonomien

Silja weiß, was ihr damals in der Situation gefehlt

hat und was sie niemals an der Uni lernte. »Man braucht eine Sprachfähigkeit innerhalb der Unübersichtlichkeit schwieriger Situationen und die Fähigkeit, inmitten von Chaos neuen Sinn zu stiften. Auch hätte ich ein theoretisch fundiertes Verständnis von Praktiken der Macht gebraucht – beispielsweise der von Banken. Dazu gibt es eigentlich auch genug Forschung und Erkenntnisse, aber sie kamen in meinem Studium nicht vor, wo der Markt stets als unsichtbare Hand galt, die alles hinter dem Rücken der Akteure friedlich und bestmöglich regelte.

Wenn ich gewusst hätte, wie viele Unternehmen in Insolvenz gehen und dass es viele Familien ähnlich belastet wie uns, dann hätte ich zudem gewusst, dass wir nicht allein sind. Auch hätte ich von ihren Erfahrungen lernen können, wie ich eine Insolvenz leite. Aber an der Universität kamen echte Probleme nicht vor, zumal nicht in ihren menschlichen Dimensionen. So bin ich eher mit Scham und Sprachlosigkeit konfrontiert worden; weil eine Insolvenz eigentlich undenkbar war. Ich habe erlebt, wie Menschen, selbst die, zu denen man eigentlich eine enge Bindung hatte, weggeschaut oder sich weggeduckt haben. So als hätten wir eine Krankheit.

Sie hatten Angst, dass wir sie um Geld bitten. Auch erlitten wir einen immensen Ansehensverlust und das, obwohl mein Vater innerhalb von drei Wochen nach Insolvenzanmeldung vom Insolvenzverwalter wieder als Geschäftsführer angestellt wurde. Es gab nie einen Betrugsverdacht, keine Strafverfahren, kein Gerichtsverfahren, keine Schuldigkeit, rein gar nichts. Trotzdem hat es gereicht, um eine menschliche Katastrophe anzurichten. Die Tatsache zu leiden, war bereits ein Makel. Nie wurde mir eine Sprache beigebracht, um all das verarbeiten zu können. Ich musste sie mir selbst beibringen. Heute möchte ich, dass es unseren Studierenden anders ergeht.«

Jenseits rationalen Entscheidens

Damals war es für Silja selbstverständlich, in das Unternehmen des Vaters zurückzukehren und ihn bei der Insolvenz zu begleiten, statt in der Münchner Glitzerwelt zu bleiben. »Es war einfach eine Notwendigkeit.« Da gab es kein Abwägen mehr. »Viele Studierende an unserer Hochschule haben heute den Eindruck, sie hätten eine Wahl, die ähnlich einer Wahl im Supermarkt ist: Du stehst vor dem Regal, hast Geld in der Tasche und kannst dich entscheiden, grüne oder gelbe Gummibärchen oder doch lieber Bananen zu kaufen. Du musst dich zwischen Dingen entscheiden, die dir vorgegeben sind. So meinen heute auch viele, dass sie sich für oder gegen ein bestimmtes Engagement oder einen bestimmten Beruf entscheiden könnten. Es ist, als träte die Welt dir in Form von Produkten gegenüber, die du nur ergreifen musst, die aber letztlich unabhängig von dir existieren. Viele Leute denken selbst bei Krankheiten, dass wir sie selbst gewählt haben; wir hätten auch anders entscheiden können.«

Silja erlebt das anders. Für sie gibt es viele Momente, in denen Entscheidung eine Illusion ist. »Ich weiß einfach, dass etwas von mir zu tun ist, dass ich in eine bestimmte Situation geworfen wurde, also ›dran‹ bin. Hier wähle ich dann nicht zwischen Gegebenem, sondern erschaffe mich und die Welt bedingungslos aus all dem neu, was sich gerade zeigt. Ja, ich wähle überhaupt nicht, sondern stifte neuen Sinn und riskiere dabei, selbst nicht nur anders, sondern gar eine andere zu werden.

In einer solchen Haltung stellen sich mir viele Fragen gar nicht erst. Zum Beispiel: ›Hätte ich etwas anderes machen sollen? Gibt es etwas Besseres für mich zu tun? Sollte ich die Dinge anders optimieren?‹ Stattdessen reduziert sich für mich alles auf ein Einfaches: ›Ich mache das jetzt.‹ So leite ich übrigens auch unsere Hochschule. Es gibt gewiss tausend Gründe dagegen, und wahrscheinlich genauso viele dafür, aber ich beschäftige mich nicht damit. Es ist einfach das, was ich tue.«

Silja wünscht sich, dass es mehr von diesen Momenten gibt, in denen Menschen ganz in einer Situation sind. Wo man sich nicht 10'000 Gründe ausdenkt, warum man weglaufen sollte oder warum etwas doch nicht das Richtige sein könnte. »Meines Erachtens erleben wir immer wieder Entscheidungen, die keine Wahlentscheidungen sind, sondern existenzielle Entscheidungen. Ich stehe etwa in einem Sterbezimmer und bin in dieser Situation voll da. Ich schneide mir jede Ausflucht ab, widme mich voll und ganz dem Moment und genau in dieser vermeintlichen Ausweglosigkeit eröffnen sich gänzlich neue Wege, die ich niemals auch nur ansatzweise hätte erahnen können.«

Es ist Silja im weiteren Gespräch wichtig, nochmal zu unterscheiden: Zwischen dem – wie sie es nennt – Optimierungswahn, der uns dadurch aufgezwungen wird, dass wir uns immer richtig entscheiden sollen, und einer Entscheidung, die aus uns kommt, ohne dass wir abwägen würden. »Nehmen wir an, du meditierst und plötzlich singt ein Vogel. Es gibt also eine Situation, in der dieser Vogel in deine Wirklichkeit einbricht. Du könntest jetzt überlegen, dich über die Störung zu ärgern, die Meditation abzubrechen, den Raum zu verlassen, um etwas anderes zu tun. Es kann aber auch passieren, dass sich, wenn du in dieser Situation bleibst, mit einem Mal Phänomene eröffnen, die du vorher nicht erwartet hast, die du also auch nie hättest wählen können.

Du kannst sie nicht wie ein Gummibärchen aus dem Regal greifen, sondern es ist die Entscheidung, in einer Situation zu sein und sich dort für das Neue und Unbekannte zu öffnen. Es ist eine Entscheidung für Komplexität, die eben nichts mehr mit dem zu tun hat, was uns eingeredet wird. Ich glaube, das ist ein Erkenntnisweg, den wir kaum einzuschlagen gelernt haben, sei es bei Insolvenzen, beim Tod oder bei Schmerzen. Wir vermeiden, dass diese Öffnung passieren kann. Und die heutige Konsumgesellschaft setzt auch alles daran, uns dieses Weglaufen einfach zu machen. Sie lebt davon, alles in der Welt als reine Wahl zwischen gegebenen Gütern zu begreifen. Denn wo immer Menschen selbst aus Schwierigem und Ungewolltem Neues schaffen, lässt sich kein oder doch nur wenig Geld verdienen.«

Neues Leben

Es ist das permanente »Neuschaffen, Aufgeben, Sterben und Leben«, das Silja als unglaubliche Freiheit empfindet. Sie konkretisiert es in unserem Gespräch, indem sie von ihrer Krankheit erzählt. Davon, dass diese sehr wahrscheinlich tödlich ist und sie dennoch gespannt darauf ist, was ihr Leben ihr noch alles eröffnen wird. Eben gerade, weil es »prekär, unvorhersehbar und oft auch unvorstellbar« ist. Ihr Leben mit den vielen Schmerzen, den zunehmenden Schwächen und vielen lebensbedrohlichen Krisen, in denen sie bereits heute nicht mehr richtig atmen und schlucken kann, ist nichts, was man planen könnte oder wofür man sich entscheiden würde. Und genau deswegen eröffnet es auch so viele neue Perspektiven auf die Welt.

»Nehmen wir etwa die Tatsache, dass viele Menschen einen großen Teil ihres Tages auf harten Stühlen verbringen. Ich habe aufgrund meiner Schwäche die Freiheit, mich bequem auf Liegen zu lümmeln. Selbst als Präsidentin leite ich mittlerweile von einem weichen Relax-Sessel aus und in Socken meine Hochschule. Wenn ich auf Vortragsreise bin, kommt immer eine gemütliche Kippliege mitsamt weicher Auflage mit. Ich und meine Liege haben es letztens sogar in den Plenarsaal des Düsseldorfer Landtags geschafft!

Früher habe ich mir das nicht gegönnt, sondern versucht, mit allen Mitteln so normal und unauffällig wie möglich zu sein. Ich habe mich endlos und mit großen Schmerzen auf harten Stühlen gequält, weil ich meinte, meine Schwächen verbergen zu müssen. Obendrein habe ich mich selbst ständig ermahnt, aufrecht zu sitzen, Schmerzen auszuhalten. Unterm Strich habe ich mich jahrelang nicht getraut, mich so zu verhalten, wie ich tatsächlich bin. Jetzt hat es endlich etwas Befreiendes, mein Kranksein zu akzeptieren und zu sagen: ›Ich bin krank und wir alle zusammen müssen damit umgehen.‹ Auch ist befreiend, darin eine Umkehr eingefahrener Bewertungsmuster zu vollziehen. Ja, ich bin irgendwie *die Kranke*. Aber ich bin es auch, die es so unfassbar gemütlich hat. Wer also hat es ›besser‹ als ich?!«

Die Welt, in der Silja lebt, war – so sagt sie heute – aufgrund ihrer Erkrankung schon immer anders gestrickt als für die meisten Menschen. Nur hat sie das lange nicht verstanden, hat nicht begriffen, nach welchen Regeln das System spielt, in dem sie lebt. Sie war diejenige, die sich darin irgendwann »schräg« gefühlt hat. »Früher dachte ich immer, alle hätten ständig Schmerzen so wie ich. Alle hätten sie, nur hätten sie so wie ich eben auch gelernt, es nicht zu sagen und darüber zu schweigen.

Bis ich dann mit meinem heutigen Mann so ein Vertrauensverhältnis aufgebaut hatte, dass er meine besondere Situation erkannte – und ich mich selbst in ihm spiegeln konnte. Wir entdeckten gemeinsam, wie abnormal meine Schmerzen sind und dass ich eigentlich Anspruch auf Diagnose, Therapie, Unterstützung und Mitgefühl haben sollte. Da war ich bereits zweiundzwanzig Jahre alt. Aber in unserer Gesellschaft, die den utilitaristischen Traum von einer kompletten Schmerzfreiheit träumt, kam meine Erfahrung nicht vor – bis zum heutigen Tage nicht. Es darf sie nicht geben, und sie wird, wo immer es geht, unterdrückt und zum Schweigen gebracht.«

An dieser Stelle zieht Silja den Vergleich zu einem Kind, das Gewalt erfährt und irgendwie ahnt, dass das, was da passiert, falsch ist. Allerdings kann das Kind nicht benennen, warum es falsch ist. Es denkt vielleicht, dass es in allen Familien so abläuft. »Und deswegen ist es mir heute auch so wichtig, auszudrücken, wer ich bin und was ich erfahre. So forsche und schreibe ich etwa darüber, was passiert, wenn Menschen mit Schmerzen in einem System groß werden, in dem oft sogar von Medizinern gesagt wird: ›Das bildest Du Dir nur ein. Das kann es nicht geben. Du bist hysterisch.‹«

Diese Gewalt hast Du selbst erlebt?

»Ja. Und es wirkt zerstörerisch auf die eigene Identität, weil du an dir selbst und an deiner Realität zweifelst. Ich habe mir immer wieder einzureden versucht, keine Schmerzen zu haben, mir selbst Vorwürfe gemacht. Es war ein langer Prozess für mich, mir einzugestehen, dass ich diese Schmerzrealität habe, selbst wenn es tausend Ärzte nicht erklären können. Und es war harte Arbeit zu verstehen, wie sich für mich aus dieser Realität eine andere Welt konfiguriert. Und dass ich trotzdem in der ›normalen‹ Welt, in der andere einfach eine Pille einwerfen, um ihre Schmerzen loszuwerden, meinen Platz finden muss. Es hat lange gedauert, das nicht nur für mich einzusehen, sondern auch öffentlich darüber zu reden. Denn es gibt so viele Menschen, die sich nicht trauen, mit ihrer schmerzhaften Realität nach draußen zu gehen, weil sie Angst haben, dass andere sie für verrückt halten. Ich möchte ihnen eine Stimme geben!«

An dieser Stelle überträgt Silja das Gesagte auf ihre Hochschulgründung. Argumentiert, dass das, was sie erlebt, sich nicht nur auf Menschen mit Schmerzen beschränkt, sondern dass es auch viele andere gibt, die in sich spüren, dass etwas gewaltig schiefläuft, denen aber von anderen ebenfalls erzählt wird, dass sie sich ihr »Drama« einbilden würden oder egoistisch seien. »Dies gilt selbst für bestimmte Wertehaltungen. Nehmen wir den Konsum. Wer daran rütteln will, wird schnell der Verzichtsideologie bezichtigt. Und das ist nur ein Punkt von vielen in unserer Gesellschaft, wo gute Ansätze nicht zum Ausdruck gebracht werden, weil die Selbstzweifel und die Angst davor, gebrandmarkt zu werden, überwiegen. Man denkt dann rasch, dass man nicht normal oder richtig sei.«

Ist das der Hauptgrund, warum die Studierenden zu Dir kommen? Weil sie bei Euch an der Hochschule ihre ungewöhnlichen Selbst- und Gesellschaftsbilder herausbilden und vertreten können?

»Ein häufiges Motiv von Studierenden, zu uns an die Hochschule für Gesellschaftsgestaltung zu kommen, ist tatsächlich der Wunsch, sich als Mensch in den eigenen Potenzialen endlich frei entfalten zu können – vor allem im eigenen gesellschaftlichen Engagement. Und den eigenen Wissensdurst gestillt zu bekommen, der sich an den Problemen der Welt und nicht an abstraktem Wissenserwerb orientiert.

Die meisten, die zu uns kommen – so sage ich es oft halb im Scherz –, tragen eine Art ›Weltrettungs-Gen‹ in sich. Dieses wurde ihnen allerdings vorher an der Schule oder an anderen Universitäten eher abtrainiert. Dort ging es eben um kurzfristig messbaren Erfolg, zukünftige Karrierechancen und eine bestmögliche Passförmigkeit für Wirtschaft und Beruf. Bei uns herrscht ein komplett anderes Menschenbild vor. Denn bei uns werden die Lernenden nicht für eine vermeintlich bestehende Welt zugerichtet und zur Anpassung verleitet. Stattdessen stärken wir sie in ihren Fähigkeiten, ein möglichst gutes Leben für sich und andere zu schaffen.

Die meisten haben, bevor sie zu uns kommen, ein Bildungssystem durchlaufen, in dem sie sich mit ihren Ängsten oder Ansichten nie ernst genommen gefühlt haben. Oder fast nie. Manchmal vielleicht noch von dem einen Englischlehrer oder der einen Geschichtslehrerin. Wir helfen ihnen dann zunächst zu verstehen, dass nicht sie das Problem sind, sondern das Bildungssystem.«

Silja ist sicher, dass die Biografien, mit denen die jungen Menschen in die Hochschule kommen, einzigartig sind. Und dass die Welt und die Gesellschaft diese Biografien brauchen, weil das Leben ihrer Ansicht nach eben keine Massenware ist. Sie weiß, dass genau das den Studierenden andernorts nicht gesagt wird. Dass stattdessen eher eine standardisierte Hülle, eine Maske zählt. »Unser herkömmliches Bildungssystem ist nicht dafür gemacht, dem Einzelnen zu helfen, sowohl seine Verletzlichkeit als auch seine Kraft und das, wofür er oder sie brennt, zum Ausdruck zu bringen.«

Silja bringt das Beispiel eines Geflüchteten, der mit seiner schwierigen Geschichte der Vertreibung Erfahrungen hat, von denen andere profitieren könnten. Aber anstatt das zu sehen, konzentriert man sich im herkömmlichen Bildungssystem darauf, ob er abstraktes Wissen über Statistik, Physik oder dergleichen hat. Siljas Anspruch an ihre eigene Hochschule hingegen ist, anzuerkennen, dass da ein Student ist, der einen Schatz in sich trägt. Auch wenn dieser aufgrund von Angst, Enttäuschungen und Verletzungen tief vergraben sein mag. »Das Ziel von Bildung sollte sein, ihn zu befähigen, diesen Schatz selbst zu heben und für eine gute Zukunft aller zu kultivieren und fruchtbar zu machen.«

Wenn Du jetzt einen Tag Königin von Deutschland oder Göttin wärst, unbegrenzte Macht hättest, was würdest Du ändern oder tun?

»Ich stelle mir das Leben immer vor wie eines dieser Wimmelbücher. In ihnen sind unendlich viele kleine Situationen gezeichnet, in denen Menschen etwas tun, also zum Beispiel: Kinder spielen, die Eltern streiten sich oder Menschen arbeiten. Und wenn ich Gott oder Göttin wäre, dann wäre ich da und würde in diesen vielen Einzelsituationen helfen, indem ich jedem Menschen das Zutrauen gebe, aus dieser Situation etwas Gutes zu machen. Also dort, wo er oder sie gerade ist und wirkt. Ich würde mich darum kümmern, dass Menschen überall das Vertrauen und das Können erlangen, sich aus eigener tiefer Überzeugung und Notwendigkeit heraus gesellschaftlich zu engagieren.«

Bevor wir das Gespräch beenden: Hast Du sonst noch etwas, das Du ergänzen willst?

»Mir ist wichtig, dass wir erkennen, wie wir Werte – also das, was uns wichtig und wesentlich ist – immer wieder neu definieren können. Nehmen wir zum Beispiel die Frage, was als lebenswert betrachtet wird. Ich weiß, dass ich aufgrund meiner Erkrankung ein Leben führe, das nach normalen Maßstäben, wegen der enormen Schmerzen und der Aussichtslosigkeit auf Heilung, in unserer utilitaristischen Gesellschaft als nicht lebenswert erscheinen muss. Und ehrlich: Es ist wahrlich nicht lustig, ein Leben zu führen, das nach Maßstäben vieler aussortiert und ausgeblendet gehört. Es hat eine Schwere, an der ich manchmal zu verzweifeln drohe. Dann denke ich, dass ich das nicht schaffe oder nicht bewältigen kann. Das macht mir dann Angst. Was soll werden, wenn ich mich gar nicht mehr bewegen kann, wenn ich als eigentlich Wortgewaltige nicht mehr sprechen kann? Was, wenn anderes heute Unvorstellbares eintreten wird?«

Zugleich ist Silja dennoch voll freudiger Erwartung und Neugier. »Ich habe in meinem Leben bereits so häufig erfahren dürfen, wie gerade innerhalb des Schwierigen und Unmöglichen neuer Sinn entstehen und neues Glück erwachsen kann. Ich habe das Vertrauen entwickelt, dass sich die Maßstäbe dessen, was Leben eigentlich lebenswert macht, immer wieder ändern können. So erfahre ich bereits jetzt aufgrund meines hochgradig prekären Gesundheitszustands Zuneigung, Unterstützung und menschliche Nähe von meinem Mann, von Freunden und Kollegen. Dabei können wir oft so herzhaft gemeinsam lachen, eben weil meine Krankheit alles Normale in Frage stellt und dieses Normale oft in völlig neuem Licht erscheinen lässt. Noch vor zwei Jahren hätte ich all dies nicht einmal für denkbar gehalten. Heute macht es die Essenz meines Lebens aus, die ich nicht mehr missen möchte.«

Trotzdem sieht Silja, wie wir in unserer Gesellschaft weiterhin mit Gewalt versuchen, unsere Ideale

»Wir müssen wieder
lernen, nicht nur
zu fragen, ob etwas
funktioniert – son-
dern ob es gut ist.«

an Äußerlichem wie Konsum, Gewinn, Wachstum und Bruttosozialprodukt auszurichten. Wie die Menschen versuchen, das alte Erfolgsspiel mit allen Mitteln weiterzuspielen. »Dabei können wir lernen, uns die Freiheit zu nehmen, selbst herauszufinden, nach welchen Kriterien wir unser Leben eigentlich bewerten wollen. Viele, die im Sterben liegen, sagen, dass sie plötzlich erkennen, was ihnen eigentlich in ihrem Leben wichtig gewesen ist oder was hätte wesentlich sein sollen.

Die genannten Äußerlichkeiten sind das eher selten. Darum verspüren die Betroffenen in diesen letzten Minuten oft ein großes Bedauern. Vor allem, weil es keine Zeit mehr gibt, sich darauf zu konzentrieren. Ich finde es so unglaublich wichtig, diesen Punkt früher zu erreichen, statt bis kurz vor Lebensende auf Kosten von sich selbst, der Mitmenschen und der Mitwelt trügerischen Zielen hinterherzujagen. Wir können – und das sehe ich als eine wesentliche Aufgabe von Bildung und damit von Schule und Hochschule an – systematisch lernen, unsere Maßstäbe darüber, was lebenswertes Leben ist, nicht nur theoretisch zu überdenken, sondern aktiv neu zu gestalten. Das vorzuleben, es als Philosophin und Ökonomin sprachgewaltig in unserer Gesellschaft zum Ausdruck zu bringen und als Hochschulgründerin dafür eine gelebte Utopie der Bildung zu schaffen: Das sehe ich als meine Lebensaufgaben an.

Quelle
www.jeannette-hagen.de/news/silja-graupe-die-welt-aus-dem-jetzt-heraus-neu-denken

Und trotzdem!
Meine unheilbare Krankheit
als Brennglas
für das, was
wirklich zählt

Essay

Von Silja Graupe

Wir leben in einer von Krisen geschüttelten Welt. Individuen, Gesellschaften und die Natur im Ganzen sind in Aufruhr. Wie können wir *darin* ein gutes Leben führen? Was können wir den jungen und nachfolgenden Generationen mitgeben? Wie können wir Hoffnung und Mut statt einfach nur ein »Weiter so!«, Resignation und Zynismus säen? Wie können wir lebenswerte Zukünfte stiften?

Im Folgenden möchte ich Euch hinein in meine Lebensgeschichte nehmen, um zu zeigen, welche Räume der Hoffnung und der Transformation entstehen können, wenn wir uns ganz auf das Krisenhafte einlassen und gerade mit jungen Menschen Transformationen mutig mitten aus dem Leid wagen. Meine persönliche Krise ist dabei, dass ich wahrscheinlich an einem schweren und vielleicht gar tödlich verlaufenden Leiden erkrankt bin. Ich gebe im Angesicht der Diagnose aber nicht auf, sondern rufe die Stiftung *Siljas Räume* ins Leben, um gemeinsam mit Euch trotz der fatal fortschreitenden Schwäche einen echten Unterschied in dieser Welt zu machen, der unser gemeinsames Vermächtnis sein wird.

Vorbild und Vorgeschichte

Lasst mich zunächst von einem meiner Vorbilder erzählen. Am 4. Juli 1939 tritt ein Mann, überwältigt von seinen Gefühlen, ans Mikrofon. Es ist Lou Gehrig.

Er steht im Yankee Stadium in New York, einem der größten Baseballstadien der Welt, das bis auf den letzten Platz gefüllt ist. Doch heute sind die Menschen nicht gekommen, um ihn, den erfolgreichsten Baseballspieler aller Zeiten, spielen zu sehen. Sie sind gekommen, um ihn zu verabschieden. Gehrig ist tödlich erkrankt. Sie wissen, dass er alles verlieren wird. Er, der tausende Spiele bestritt, kann zu diesem Zeitpunkt bereits kaum mehr einen einzigen Ball schlagen. Sie wissen, dass er sterben wird.

Nun aber steht Gehrig am Mikrofon. Er schluckt. Er zögert. Dann spricht er jene berühmten Worte, die bis heute unvergessen sind:

> »Today I consider myself the luckiest man on the face of the earth. [...] I might have been given a bad break, but I have an awful lot to live for.«

Gehrig, der Todgeweihte, ist glücklich. Er weiß, wofür er lebt. Trotz allem. Zwei Jahre später stirbt er.

Warum Gehrig mir nahe ist, ist kein Zufall. Zwanzig Jahre vor seinem Tod hält ein kleines Mädchen die Hand des eigenen Vaters. Er liegt bewegungslos, kann kaum mehr schlucken; sein Atem geht schwach. Äußerlich vermag der Mann fast nichts mehr zu tun, doch geistig ist er komplett da. Er liegt bei völligem Bewusstsein erstarrt in seinem Körper. Während er stirbt, kann er die Hand seines Kindes nicht mehr streicheln; er kann nicht lächeln, der Kleinen keinen letzten Kuss geben. Er weiß, dass er es nicht kann. Er stirbt, da ist sie sechs Jahre.

Der Mann ist mein Urgroßvater; die Kleine neben ihm meine Großmutter. Gut hundert Jahre später halte ich die Hand meiner sterbenden Mutter. Ich weiß, dass auch sie vollkommen präsent ist. Ich weiß, dass sie mich spürt. Aber auch sie kann mein Streicheln nicht erwidern. Auch sie kann nicht mehr sprechen, nicht mehr lächeln. Ich küsse sie auf die Stirn, doch ihre Lippen können schon lange keinen Kuss mehr formen. Auch sie stirbt, weil ihr wunderschöner Geist komplett in einem sich immer weiter lähmenden Körper eingeschlossen wird. Ihr Tod kommt vor drei Jahren in unser Zuhause.

Geerbtes Schicksal

Mein Urgroßvater, meine Mutter sowie fünf weitere meiner Verwandten eint ein Schicksal: Sie alle starben an der unheilbaren Amyotrophen Lateralsklerose (ALS), einer seltenen neurodegenerativen Erkrankung. In den USA heißt diese Erkrankung auch *Lou Gehrig Disease*. Weil dieser unvergessene Baseballspieler auch an ihr zugrunde ging. Dieses unweigerlich tödlich verlaufende Leid zerstört fortschreitend die Kommunikation zwischen Gehirn und Muskeln. Die Menschen wissen genau, wie sie handeln möchten, aber ihre Körper vermögen diesen Willen immer weniger auszuführen. Der Tod kommt dadurch, dass sie nicht mehr essen, trinken und ultimativ nicht mehr atmen können. Wenn es eine Krankheit gibt, die Menschen nach außen hin komplett ohnmächtig werden lässt, dann ist es ALS.

Ich bin also in eine Geschichte unfassbaren Leids hineingeboren. Und ich spüre schon lange, dass auch mit mir etwas nicht stimmt. Seit Jahren, wohl gar seit

Jahrzehnten kann ich bemerken, wie auch mir die Bewegungen meines Körpers, die Freiheiten meines Lebens schrittweise entgleiten. Doch die Ärzt:innen sagten mir immer wieder, dass ich es mir einbilden würde. Ich hätte nur Angst, erklären könne man sich meine zunehmenden und dramatischer werdenden Beschwerden jedenfalls nicht. Dennoch merkte ich, wie ich dem Weg meiner erkrankten Verwandten auf unheimliche und äußerst beunruhigende Weise zu folgen begann. Ich kann fühlen, wie auch ich zunehmend wie in einem gewaltigen Block aus Eis gefangen werde; so, als würde seine Kälte mich immer mehr durchdringen und in eine niemals enden wollende Starre zwingen.

Schließlich ist nun klar, dass auch mit mir fundamental etwas nicht stimmt. Ich bin ebenso wie meine Angehörigen schwer neurodegenerativ erkrankt. Dies bedeutet, dass auch bei mir Nerven fortschreitend zerstört werden, die für die Bewegungen des Körpers und damit für die Autonomie des Menschen zuständig sind (Motoneuronenerkrankung). Etwas in meinem Gehirn und in der Folge meinen Muskeln ist dabei bereits so weit kaputt, dass mir das Gehen und Sitzen sowie teilweise das Sprechen und Atmen schwerfällt. Ob es sich bei mir direkt um Amyotrophe Lateralsklerose (ALS) oder eine andere ALS-ähnliche Erkrankung handelt, ist noch unbekannt. Zu selten ist das genetisch vererbte Leiden, viel zu wenig Geld wird in seine Erforschung investiert, als dass sich dies mit Sicherheit sagen ließe. In jedem Fall umfasst mein Leid neben gravierenden, fortschreitenden Muskelschwächen starke Schmerzen und vorübergehende totale Lähmungen und Krampfanfälle.

Eine Therapie oder gar Aussicht auf Heilung gibt es – ob nun ALS oder ALS-ähnlich – nicht. In unserem weitgehend ökonomisierten Gesundheitssystem bin ich mit alldem vor allem eins: allein. Gewiss ist allein die quälende Ungewissheit.

Glücklich – trotz allem

Zunächst fühle ich mich also wegen meiner Erkrankung mit Lou Gehrig in einem grausigen Schicksal vereint. Während ich tieftraurig darüber bin und Ozeane an Tränen vergieße, spüre ich darüber hinaus auch, dass diese Verbundenheit weit über die schreckliche Krankheit hinausreicht, die wir teilen. Weit stärker noch als die Gewissheit, ebenfalls Ungeheuerliches durchleiden zu müssen, resonieren jene Worte in mir, die Gehrig einst auf dem Rasen des Yankee Stadium sprach. *Ja! Auch ich bin glücklich! Auch ich habe noch viel vor, wozu ich leben will!*

Ich möchte nicht falsch verstanden werden. Es geht mir nicht um oberflächliches Glück. ALS und verwandte neurodegenerative unheilbare Krankheiten sind grausam. Mit ihnen zu leben, ist unfassbar zehrend. Eine Teilhabe am normalen Leben ist für mich schon jetzt kaum mehr möglich. Eine Wanderung mit meinem Mann; ein Bummel durch die Stadt mit einer Freundin; ein Konzert- oder Kinobesuch: All das gehört längst der Vergangenheit an. Schon heute kann ich über Stunden nicht oder kaum sprechen, bin gelähmt oder Krämpfe verdrehen meinen Körper. Schwere Schmerzen prägen meinen gesamten Alltag, Tag und Nacht; jede Stunde, jede Minute. Alle Vorträge, alle Seminare, die ich für Studierende gestalte, sind Akte ungeheurer Kraft und Selbstbeherrschung. Kaum eine Sekunde mehr, in der ich die Krankheit, die meinen Körper fortlaufend und unaufhaltsam zerstört, vergessen kann. Sie prägt nicht nur mein Leben. Sie *ist* mein Leben. Und dabei gilt, dass das Grauen sich immer weiter verstärken wird. *Noch* kann ich sprechen, *noch* kann ich küssen, *noch* kann ich essen. Alles, wirklich alles steht unter dem ständigen Vorbehalt, es bald zu verlieren. Jeden Tag gilt aufs Neue: Mein Leben war noch nie so schlecht. Niemals wird es je wieder besser sein!

Mein Leben ist also, um es kurz zu machen, schrecklich. Warum um Gotteswillen bin ich dann glücklich? Würden denn die allermeisten Menschen nicht vor einem Leben, wie ich es führe, einfach nur weglaufen wollen? In der Tat werde ich wieder und wieder danach gefragt, wann ich Suizid begehen werde. Wozu sollte es sich lohnen, zu leben?

Und trotzdem! Ich bin glücklich. Warum? Schauen wir uns um! Wie viel investieren wir Menschen ansonsten darin, Leid ignorieren zu wollen! Wie oft verbergen wir unseren Schmerz voll Scham oder gestehen ihn anderen nicht zu. Wie viel Propaganda erfinden wir als Gesellschaft, um die individuellen, sozialen und ökologischen Krisen dieser Welt zu ignorieren oder ihre Folgen so gut es geht anderen zuzuschieben, um bloß nicht selbst bewusst betroffen zu sein. Wie oft versuchen wir, körperliche Pein und seelische Qualen in Schmerz- und Betäubungsmitteln zu ertränken, nur um festzustellen, dass unsere Ängste dennoch immer weiterwachsen? Wie sehr wollen wir den Ideen von Fortschritt und Wachstum weiterhin Glauben schenken, obwohl wir spüren, dass sie längst an ein Ende gekommen sind! Wie oft bleiben wir trotz aller Zweifel in der Logik des »Mehr! Besser! Weiter!« verhaftet, obgleich wir eigentlich spüren, darüber doch nur einsamer, ängstlicher und sinnentleerter zu werden!

All das brauche ich nicht mehr zu tun. Denn ich weiß schlicht, dass es für mich keine rosige Zukunft gibt. Ich brauche mein gegenwärtiges Leben keinen bloßen Versprechen mehr zu opfern. Ich lebe das Leben, das niemand will, ich laufe nicht vor ihm weg, sondern lasse mich ganz darauf ein. Und siehe da! *Inmitten* von Krankheit und Schmerz und Schwäche darf ich neue Schönheit, Freude und Freundschaft erfahren. Ich habe akzeptiert, dass es kein Leben ohne Leid geben kann. Ich habe aufgegeben, mich ständig reparieren und optimieren zu wollen. Ich gebe mir keine Schuld mehr. Stattdessen lebe ich radikal das Leben, das ich nun mal habe. Es gilt: *Die Scham muss aufhören*. Von diesem »Nullpunkt« aus vermag ich zu entdecken, wie selbst aus dem Abgründigsten immer wieder neue Anfänge erwachsen können.

Die Kunst, Leid zu wandeln

Nehmen wir meine Stimme. Ich liebe es zu sprechen! Ich bin verrückt nach Worten, nach Kommunikation, nach Austausch. Nichts ist mir heiliger als ein gutes Gespräch. Nichts motiviert mich mehr, als Menschen durch meine Stimme zu bewegen. Doch meine Stimme ist bereits am Brechen. Nur in morgendlichen Stunden kann ich einigermaßen sicher sein, leicht und gut artikulieren zu können. Jeden Tag mache ich, egal was, Sprech-, Stimm- und Sprachübungen, um so lange wie möglich Teil der kommunikativen Welt sein zu können. Ich trainiere hart, und doch weiß ich, ja spüre ich bereits in Zunge, Lippen und Hals, dass die Zeit kommen wird, wo ich wie meine Mutter und mein Urgroßvater vor mir für immer verstummt sein werde. Wie sehr habe ich es gehasst, als ich meine Mutter nicht mehr hören konnte! Ihre Stimme, die ich bereits im Mutterleib gehört hatte, verklang, obwohl sie noch am Leben war! Wie sehr habe ich meine Mutter leiden sehen, weil die meisten um sie herum dachten, sie sei geistig behindert, nur weil sie schwer verständlich sprach!

Nun aber bin ich selbst umgeben von wunderbaren Menschen, die vor meinem Leid nicht die Augen verschließen, sondern mit mir in das Leid hineintauchen und imaginieren, wie es sein muss, das zu verlieren, was man am allermeisten an sich liebt. Und sie beginnen, mit mir mit Handzeichen zu kommunizieren, neue Worte zu erfinden, die ich selbst mit gelähmten Lippen noch sprechen kann, oder meine Stimme zu digitalisieren. Nicht einfach so, sondern weil sie wirklich wissen wollen, was mir wichtig ist. Was werde ich ausdrücken wollen? Welche Emotionalität? Welches Lachen? Welchen Sinn? Welche Sätze sollten wir konservieren als Ausdruck meiner Person, bevor es zu spät ist? Niemals zuvor habe ich mehr über Kommunikation und über das, was ich an Ausdruck liebe, gelernt als mit diesen Menschen! Niemals verspricht ein Verlust mehr für mich an Neuem, Schönem und Bereicherndem hervorzubringen! Bereits heute muss ich bei dem Gedanken schmunzeln, dass mein schallendes Lachen bald jederzeit auf meinen bloßen Knopfdruck hin wird erklingen können!

Ja, es stimmt. Ich verliere dramatisch an äußerer Macht. Einen größeren Gegensatz zu Trump & Co als mich kann es kaum geben! In einer Welt, in der nur das Recht des Stärkeren zählt, muss dies ohne jeden Zweifel absolut bedrohlich und ungeheuer erschreckend wirken. Aber ich versuche, keine Angst zu haben. Denn andere soziale Räume sind möglich, und ich verfüge über die Kreativität und innere Stärke, sie gemeinsam mit anderen zu erschaffen. Ich mag mehr und mehr körperlich wehrlos werden. Aber hilflos bin ich nicht! Denn um mich herum sind immer mehr Menschen bereit, ihrerseits daran zu wachsen, mir helfen zu *wollen*. Gemeinsam erweisen wir meine Schwächen als Quellen von ungeahnter Menschlichkeit, Humor, Erfindungsgeist und Lebensfreude. Wie könnte ich also anders, als glücklich zu sein?

Wozu es sich zu leben lohnt

Doch das Glück neuer sozialer Gemeinschaft ist nicht allein, was mich zum Leben und Weiterleben motiviert. Darüber hinaus gibt es noch das große Wozu, also das, wie Gehrig es formuliert, *für* das ich lebe. Und dieses *Wozu* weist weit über mein eigenes individuelles Leben hinaus. Es hat mit der jungen Generation zu tun und mit der Frage, wie ich ihr Sinnstiftendes mitgeben kann für *ihre* Zukünfte.

Als ich Kind, Jugendliche und junge Erwachsene war, spürte ich zweierlei in mir: Erstens dauernde

Schmerzen, die damals schon Teil meines Lebens waren. Zweitens den dringenden Wunsch, die Welt zu einem besseren Ort zu machen. Für die drängende Frage, was aus dem einen und anderen zu machen sei, hatte ich kaum Vorbilder. Vor allem wusste mir fast niemand den Weg zu zeigen, wie ich meine tiefste Schwäche, also den Schmerz, selbst zur Quelle positiver Veränderung machen könnte. Stattdessen lernte ich lediglich, sie so gut wie möglich in mir einzuschließen, mich ihrer zu schämen und stets nur Stärke zu zeigen. Heute weiß ich, dass das falsch war. Und ich möchte in meiner so schweren Krankheit und meinem Umgang mit ihr nun alles unternehmen, um selbst das Vorbild für junge Menschen zu sein, das die kleine Silja damals so dringend gebraucht hätte. Denn ich weiß, dass es so viele neue kleine Siljas in unserer heutigen Welt gibt!

Und tatsächlich! Studierende schreiben mir: »Dein Mut und Deine Offenheit im Umgang mit der Krankheit sind eine große Inspiration für uns: dazu, die bestehenden Narrative unserer Gesellschaft konsequent zu hinterfragen und auch in scheinbar chancenlosen Situationen eine Quelle für Radikalität zu finden. Und wenn Radikalität bedeutet, Leid und Schmerz anzuerkennen und neue Wege und Worte zu finden, ›vermeintliche Schwäche‹ in den Alltag zu integrieren und die Kraft im Umgang mit dieser zu erkennen – dann sind wir mit Freude radikal, gemeinsam mit Dir.«

Jeden Tag aufs Neue erlebe ich, wie dankbar junge Menschen sind, wie wichtig es für sie ist, gerade mich als Lehrende und Hochschulgestaltende an ihrer Seite zu wissen. Mein Leid versteht es, etwas tief in ihnen in

Resonanz zu bringen, und indem ich ihnen gleichzeitig als Ökonomin und Philosophin neue Sichtweisen auf die Welt um uns herum eröffne, werden sie fähig, neue Ausdrucks- und Handlungsmöglichkeiten zu schöpfen. Sie werden nicht lediglich stärker. Sie werden resonanter. *Dafür* lohnt es sich für mich zu leben!

Und mein *Wozu* reicht noch weiter. Wie Ihr wisst, bin ich Gründerin und Präsidentin der Hochschule für Gesellschaftsgestaltung in Koblenz. Gemeinsam mit wunderbaren Kolleg:innen, Studierenden und weiteren Weggefährt:innen habe ich sie in den letzten zehn Jahren praktisch aus dem Nichts heraus zu einem der wichtigsten resonanten Bildungsräume in Deutschland machen können – ein Ort für Menschen die sich selbst und die Welt nicht nur verstehen, sondern gemeinsam verändern wollen. Hier, in dieser Realutopie neuer Bildung, bin ich nicht nur individuelles Vorbild. Vielmehr kann und darf ich gemeinsam mit anderen eine Architektin und Hüterin sozialer Räume sein, in denen Menschen insgesamt neu zu denken und zu handeln lernen können und sich dabei in jene Persönlichkeiten entwickeln dürfen, die sie wahrhaft sein möchten.

Es gibt so viele Menschen, die ihrem Sinn ein Leben geben wollen! Ich verstehe es, für sie und mit ihnen Entfaltungsräume zu erbauen, einzurichten und zu erhalten. Ich verstehe es, ihnen eine Heimat – institutionell, unternehmerisch, akademisch, pädagogisch – für das zu geben, was ihnen für sich selbst und die Gesellschaft wirklich wichtig ist. Eine Heimat, die wie ein Nährboden ist, auf dem sie wachsen können. Ebenso verfüge ich über die Gabe, immer mehr Menschen dafür zu begeistern, solche Räume ebenfalls zu gestalten, so dass mehr und mehr Resonanzen entstehen. Nach und nach werden wir gemeinsam das gesamte Bildungssystem und immer weitere Teile von Wirtschaft und Gesellschaft menschenwürdig und zukunftsschaffend umgestalten; weit über meinen Tod hinaus!

Dies ist wahrhaft ein mächtiges *Wozu*, das Lebendigkeit weit über meine individuelle Existenz hinaus zu schaffen verspricht! Wie sollte ich in seinem Horizont auch nur einen Augenblick lang zögern, selbst inmitten einer tödlichen Erkrankung weiterzumachen und die Grenzen auszutesten, was überhaupt lebensmöglich ist? Ja, es kann sein, dass ich für dieses Wozu nach den Maßstäben unserer heutigen Gesellschaft ein lebensunwertes Leben führen muss. Doch ist das entscheidend? Schließlich geht es für mich um nicht weniger, als den nachfolgenden Generationen die Chance zu geben, diese Maßstäbe selbst zu verändern und das gute Leben neu zu bestimmen! Ich darf Mitgestalterin an der einen großen Frage sein, wie das Menschliche überhaupt zu gedeihen vermag. Wer darf sich schon so glücklich schätzen? Wer an etwas so Großartigem mitwirken?

Weiteres Vorbild

»Denkt daran, auf die Sterne und nicht auf eure Füße zu schauen.« Dieser Satz stammt von Stephen Hawking. Fast alle werden ihn kennen, den großen Physiker, der jahrelang bewegungslos in seinem Rollstuhl lag und von sich selbst sagte: »Auch wenn ich mich nicht bewegen kann und ich durch einen Computer sprechen muss, in meinem Kopf bin ich frei.« Hawking litt und starb an ALS. Und wenn es mir wieder einmal sehr schlecht geht, dann denke ich an diese Zeilen von ihm: »Schwarze Löcher sind nicht so schwarz, wie sie gemalt werden. Sie sind nicht die ewigen Gefängnisse, für die sie einst gehalten wurden. Dinge können aus einem Schwarzen Loch sowohl nach außen als auch möglicherweise in ein anderes Universum gelangen. Wenn Du also das Gefühl hast, in einem schwarzen Loch zu sein, gib nicht auf – es gibt einen Ausweg.«

Ich meine, dass wir das eigentliche Geheimnis von Hawkings Wirken meist verkennen. Wir sind so fasziniert von seinem individuellen Schicksal, dass wir leicht Mythen um ihn herum bilden und so tun, als ob er alle Herausforderungen allein gemeistert hätte. Spätestens aber jemand, der oder die an einer schwersten Erkrankung leidet, weiss, dass diese Sichtweise grundfalsch ist. Schließlich vermögen wir Schwerkranken tatsächlich *nichts* allein zu tun! Wir sind das absolute Gegenteil von Einzelkämpfer:innen und stattdessen Sinnbilder für Kooperation und Gemeinschaftsgeist. Wir sind es, die mit der ansonsten meist verborgenen und verschütteten Güte und Großzügigkeit anderer Menschen bewusst zu leben verstehen!

Fakt ist, dass Hawking vierundzwanzig Stunden an sieben Tagen die Woche rund um die Uhr von zig Menschen betreut und umsorgt wurde. Allein auf jedem seiner Vorträge, für die wir ihm bis heute Bewunderung zollen und von deren Erkenntnissen wir zehren, wurde er von mindestens zwölf Menschen begleitet. Und nur weil es großzügige Menschen und potente Stiftungen gab, die Millionen Dollar pro Jahr bereitstellten, konnte er in seiner absolut prekären Lebenssituation ein so besonderer Wissenschaftler, Mensch und Inspirator für Millionen andere sein. Er vermochte, statt zwei Jahre, die ihm die Ärzte bei der Diagnose gaben, über fünfzig unfassbare Jahre zu leben. Ohne die riesige Unterstützung, die er erfuhr, wäre weder das noch sein gewaltiges Lebenswerk möglich gewesen!

Die Stiftung *Siljas Räume*

Damit ich weiterhin meinem *Wozu* folgen kann, benötige auch ich großzügige Menschen. Im Bewusstsein um den Fortschritt meiner Erkrankung habe ich die Stiftung *Siljas Räume* ins Leben gerufen. Durch sie können diese Menschen durch Spenden – ob groß oder klein – mein weiteres Wirken ermöglichen und ihr Vermächtnis mit dem meinigen verbinden. So wie ich mich zunehmend auf hilfsbereite Menschen in meinem Nahbereich verlasse, die meine Muskeln ersetzen, so baue ich die Fortsetzung meines Einsatzes für lebenswerte Zukünfte auf freiwillige Generosität. *Siljas Räume* sind eine Einladung an alle, die daran glauben, dass das Menschliche über dem Ökonomischen stehen und inmitten sozialer und ökologischer Krisen wachsen und gedeihen kann. Und die bereit sind, genau das mit ihren finanziellen Mitteln zu fördern – auf dass auch ihr Vermächtnis positive Zukünfte schaffe!

Elie Wiesel, Schriftsteller und Friedensnobelpreisträger, der die Schoah durchlitt und überlebte, sagt: »Was ist noch schlimmer als Leid? Gleichgültigkeit! Was ist noch schlimmer als Verzweiflung? Resignation!« Ich möchte in meiner restlichen Lebenszeit nicht nur jungen Menschen helfen, gute Zukünfte für alle zu entdecken und zu realisieren. Ich möchte den Älteren und Vermögenden die Möglichkeit geben, ihre Gleichgültigkeit und ihre Resignation zu durchbrechen, um ebenso wie ich zu helfen und einen neuen Generationenvertrag zu begründen. Lasst uns gemeinsam zunächst vor allem mein Lebenswerk, die Hochschule für Gesellschaftsgestaltung, finanziell stärken und ihr dauerhaft ermöglichen, weit über mich hinaus als gelebte Utopie neuer Bildung und neue Wohnstätte für die Gesellschaftsgestalter:innen von morgen wirksam zu sein! Lasst uns von dort aus immer wieder für die jungen Generationen aktiv werden!

Meine Vision

Ich denke erneut an Gehrig, meinen Urgroßvater, meine weiteren Verwandten, Hawking, meine Mutter. Ich denke an mich. Noch bin ich Überlebende. Die Wahrheit ist, dass ALS und ALS-ähnliche Erkrankungen keine unheilbare Pein darstellen. Sie sind – wie die allermeisten seltenen Erkrankungen – *unterfinanzierte* Krankheiten. Auch ich werde aller Voraussicht nach sterben, weil man mit meiner Heilung nicht genug Geld verdienen kann. Auch ich werde, nahezu todsicher, Opfer der heutigen Ökonomie sein.

Lange, sehr lange habe ich überlegt, eine Stiftung zur Heilung von ALS und anderen seltenen Erkrankungen zu gründen und all mein Geschick, Gelder einzuwerben, Wissenschaft zu beleben und Allianzen zu schmieden, ab sofort zur Erforschung und Heilung dieser heimtückischen Erkrankungen zu nutzen. Die Hochschule für Gesellschaftsgestaltung hätte diese Entscheidung nicht überlebt; zu sehr ist sie noch von meiner Visions- und Wirkkraft abhängig. Doch es ist keineswegs ihr bloßes Überleben, das mich schließlich gegen eine solche Stiftung hat entscheiden lassen. Was mich zur Gründung von *Siljas Räumen* bewegt, ist weit größer. Meine eigentliche Stärke liegt nicht allein darin, für die Überwindung eines bestimmten Leides in der herrschenden Ökonomie zu kämpfen. Sie besteht darin, vehement dazu beizutragen, diese Ökonomie selbst zu verändern.

In der Zeit, die mir verbleibt, werde ich alles dafür geben, weiterhin soziale Resonanzräume zu bauen, in denen Menschen Wirtschaft neu denken und Gesellschaft neu gestalten können! Profitieren werde ich persönlich davon wahrscheinlich nicht mehr. Es ist zu spät. Aber darauf kommt es nicht an. Es geht darum, dass menschliches Leben insgesamt anders gedeihen kann. Ich möchte eine Gesellschaft wachsen lassen, in der Gelder selbstverständlich zuallererst dorthin fließen, wo das allergrößte Leid drängt. Ich möchte ein soziales Klima schaffen, in dem die wissenschaftliche Neugier sich frei und unabhängig darauf richten kann, nicht nur Krankheiten wie ALS, sondern die großen sozialen und ökologischen Krisen unserer Zeit allesamt neu zu verstehen und zu überwinden. Ich träume davon, dass wir schwere Erkrankungen wie ALS nicht nur singulär überwinden, sondern gar den gesellschaftlichen Nährboden für physische und seelische Gesundheit insgesamt neu bestellen werden.

In *Siljas Räumen* könnt Ihr diese Vision mit mir teilen und fördern. Zusammen können wir sie Wirklichkeit werden lassen! Lasst uns gemeinsam erreichen, dass eines Tages ein neuer Lou Gehrig an die Mikrofone treten und mit durch Freudentränen erstickter Stimme unter tosendem Applaus sagen wird: »Ich bin schwerstkrank. Aber vor nicht allzu langer Zeit begannen Menschen eine Welt zu erschaffen, in der Geld dazu da zu sein begann, dem Sinn ein Leben zu geben. Deswegen kann ich nun gesund werden. Aus *diesem Grund* bin ich der glücklichste Mensch auf Erden!«

Der ISSO Zukunftspreis der Martin Görlitz Stiftung

Die Martin Görlitz Stiftung als Träger von ISSO – dem Institute for Social and Sustainable Oikonomics – engagiert sich seit 1995 für eine lebenswerte Zukunft; eine Aufgabe, die nicht kleiner wird, sondern täglich an Wichtigkeit gewinnt. Über diese Jahrzehnte hinweg sind ihren Verantwortlichen Menschen begegnet, die sich ebenfalls für Umwelt, Energie, Gesellschaft und damit zusammenhängende Fragen engagiert haben. Sie geben die Hoffnung nicht auf, dass es immer wieder einzelne Menschen sind, die einen positiven und dauerhaften Impuls für die Erhaltung und Verbesserung unserer Lebensbedingungen leisten, und dass sich durch diese einzelnen Menschen eine positive Zukunft entwickeln lässt.

Der ISSO Zukunftspreis soll Menschen und ihr Werk würdigen, die einen solchen Impuls geleistet haben.

Der Preis wird grundsätzlich an eine Person vergeben, die aus eigenem Antrieb ein besonderes Engagement mit ihrem Werk/Lebenswerk über einen längeren Zeitraum hinweg gezeigt hat, hierbei ökologisch und gesellschaftlich relevante Fragestellungen gedacht, bearbeitet und praktisch ausgeführt hat und damit ein besonderes Ergebnis oder eine besondere Wirkung in den Feldern des Stiftungszwecks der Martin Görlitz Stiftung erreicht hat. Die Bindung an eine Person dient der Identifikation mit der Aufgaben- und Problemstellung.

Der Preis lautet ISSO Zukunftspreis und versteht sich als solcher, markiert also nicht das Ende einer Sache oder eines Engagements, sondern ist gedacht und wird kommuniziert als Impuls und Aufbruch für Zukünftiges.

Der Preis besteht aus einem Preisgeld und der Keramikfigur »der vierte König«. Die Skulptur zeigt die Gestalt eines sich verneigenden Königs, der seine Krone mit einem Ausdruck der Bescheidenheit vor sich trägt und sich mit dieser Geste vor dem Lebenswerk der Preisträger verneigt. Dieser König dient als Allegorie und Stilfigur für Humanismus, Philanthropie, Empathie und Engagement.

Der ISSO Zukunftspreis wurde erstmalig im Jahre 2024 vergeben; er ging an Prof. Dr. Silja Graupe und gab Anlass für das vorliegende Büchlein.